PATRICK GENTILE

CLOSE-OPEN

Prefazione di Riccardo Piroddi

1

PATRICK GENTILE
CLOSE-OPEN

Patrick Gentile
Close-Open
(Pensieri a dritto e a rovescio)

Il nido di Bastian.
Per una lettura di *Close-Open*

di Riccardo Piroddi

Capita, talvolta, che i nuovi strumenti della tecnologia, sovente, e a ragione, vituperati, possano divenire, di contro, forieri di positività, altrimenti non raggiungibili. È questo il caso occorso a me. Grazie ad un social network, infatti, ho potuto stringere una tra le amicizie, seppure ancora soltanto virtuale, più intellettualmente stimolante della mia vita: quella con Patrick Gentile, autore di questa collectanea di pensieri, di riflessioni, di sentenze. Avendolo ospitato, quotidianamente, per poco più un anno, sul mio blog, è stato deciso di raccogliere tutto il prezioso materiale prodotto, per realizzarne una pubblicazione.

Ho imparato a conoscere Patrick nel modo in cui amo di più. Attraverso la letteratura. Patrick è divenuto, per me, non un personaggio delle letteratura, ma frammento stesso della letteratura, perché ha mostrato, direi scoperto, giorno dopo giorno, a me e ai lettori del mio blog, parti di sé, a volte con garbo, altre volte con durezza, ma sempre con onestà. L'onestà di chi, davanti allo specchio, non ha alcuna paura di vedervi riflessa, chiara e limpida, l'immagine della propria anima. Splendente! Ciò, per me, è letteratura.

Patrick si muove tra le angosce di questo nostro tempo tormentato. Per quanti sono stati giovanissimi tra la fine degli anni '80 e i primi '90, vivendo, con gli occhi di ragazzini, quella stagione, che sembrava potesse portare a personale compimento, nella maturità, il percorso di sviluppo materiale e morale, avviato in Italia fin dagli anni '60, questo tempo si è rivelato, invece, essere un deserto. Di opportunità, di realizzazioni, di valori.

La profonda analisi poetica di tali elementi pervade le riflessioni di Patrick. Più volte, in altri luoghi, l'ho definito quale "penetrante e crudo cantore della realtà del nostro tempo". Mi sovviene l'immagine di un albero spoglio, tra i cui fitti rami, aggrovigliati in un intrico soffocante e immobilizzante di sensazioni, fondamento della percezione dell'esistente, ci sia un nido. L'anima dell'Autore. Questa, offre rifugio al lettore, proteggendolo benevolmente, dopo averlo edotto sul presente, spatolato con l'asprezza della lucida presa di coscienza e pennellato con la tenue malinconia del ricordo. Ma è un nido intrecciato di fili d'erba e di fiori. I fiori sono il "fare" della Natura, la "pars construens" dell'Universo. Il "fare" è il futuro del mondo. È il brillio dal quale si accende e si illumina il futuro.

Il nido di Patrick è anelito, è "conatus" al futuro. Alla bellezza del futuro. Le pagine che seguono ne sono prova. Mai, più di oggi, è capitale tendere se stessi al futuro!

Questa raccolta è il granello di luce che l'imperatrice di *Fantàsia* tiene tra le mani. È tutto quanto rimasto di un mondo che Patrick, io e molti della nostra generazione avevamo immaginato diverso. Allo stesso tempo, però, rappresenta l'occasione per crearlo da noi un nuovo mondo. Proprio come capitò al piccolo Bastian.

Massa Lubrense, 22 settembre 2016

Ai ragazzini che siamo stati.
In qualche momento della nostra vita.

Close-Open

Il presente è il lato
assolutamente doloroso dell'esistenza –
ma soltanto provvisorio.

Hugo von Hofmannsthal,
Il libro degli amici, 1922

Vuoto semantico

Conosco persone che sono ammalate di vuoto semantico. Il vuoto semantico è quell'insieme di eloqui preconfezionati con i quali coprono gli incubi che realmente provano. Infatti hanno poi malesseri frequenti, stati d'animo che tendono perlopiù all'implosione. E sbandano. Tra un cliché e un altro. Fino a rasentare la depressione. Questo accade perché non sanno che nome appiccicare alle cose. Quando non sai che nome appiccicare a una cosa fai un'esperienza di estrema angoscia. Per evitare la quale prendi a prestito quel che è nell'aria, insomma una voce non tua. Eppure, paradossalmente, proprio quell'esperienza di angoscia è la sola benefica, la sola che possa condurre a un progresso. Una persona che cerchi le parole per raccontarsi nel profondo è a suo modo una persona eroica. Oltretutto, non di rado, si imbatterà nel silenzio. Ma il silenzio in effetti è il contrario del vuoto semantico. Il silenzio è la Poesia.

C'è un buio alle volte

C'è un buio alle volte che fa senso perfino alla notte, un tarlo che rode la calce nel muro, s'annida tra i mattoni. In quei minuti sprofonda di un'allegria di resine e risale i nervi dei tronchi. Come un pidocchio alacre rosicchia e stuzzica e incrina. S'inventa uno sfondo di cani e muore le cose nel fuoco dei giorni. Questo consumarsi di ciglia al rogo spaesato della strada che eri.

Aprile 1986

Imparai a memoria *L'aquilone* di Giovanni Pascoli in terza media. E mi sconvolse la coincidenza di quel compito col funerale di un ragazzo di un'altra classe cui dovemmo andare con l'intera scuola. Pioveva e mi pare fosse di giovedì, e tutti pensavamo alla radioattività. Io pensavo al bambino emaciato che corre dietro l'aquilone e poi si ammala. La domenica spesso andavamo al cimitero del Verano coi miei. Io lo chiamo campo santo in realtà. E c'era quell'odore che fanno i fiori tra le tombe. Ma la domenica mattina a questo serviva: ad andare a Villa Ada, oppure a Porta Portese, oppure al Verano. E una volta mi ero fissato che volevo assolutamente uno di quei pulcini neri messi dentro le scatole di cartone. Solo che i miei non me lo presero mai.

Solitudine

Penso che si possa guarire dal male di vivere solo trovando in solitudine i nostri medicamenti più appropriati. In solitudine e, se necessario, nel confronto arioso col prossimo. In ogni caso le cure principali per la nostra anima devono poter venire da noi, non importa come. Importa solo che a un certo punto arrivino. Potrei arrendermi facilmente al dolce veleno della tentazione esistenzialista, ma so che non ci riuscirei. Sono troppo leopardiano per scendere a un tale compromesso.

22 giugno 1983

Dormito poco. Fumato tanto (ieri). Concitazione generale. Poi nel nero fitto delle sei antimeridiane, a pochi attimi dalla sveglia, dico, l'ho intravisto di nuovo. Quel me che apriva gli occhi nelle albe dei suoi sette, otto, nove anni. La costruzione infantile dell'estate. Proprio così. I telegiornali e la scomparsa di Emanuela Orlandi, i miti mostruosi che questa vicenda in qualche modo partorì nella mia generazione. D'un tratto ci sentimmo tutti più esposti e fragili, il fianco offerto a qualcosa di invisibile e oscuro e sinistro. Nell'attesa della partenza, nell'attesa dei sassi di Santa Marinella, annaspavo tra i compiti per le vacanze (chissà se oggi vengono assegnati più). Dovevo liberarmene in fretta se poi non volevo avere niente a cui pensare. Malgrado odiassi il sole amavo spudoratamente il mare, far le capriole sott'acqua, imparare lo stile del delfino, ed ero disposto a tutto pur di attirare l'attenzione di quel ragazzino col caschetto nero e i pettorali già sviluppati che nuotava accanto a me in modo superlativo. Non ci capivo nulla d'amore. Per me il massimo possibile erano Red e Toby. Ma il giorno che il ragazzino coi pettorali non venne in spiaggia mi spensi. Come se fosse colpa di qualcuno, come se l'estate fosse un gran baratro senza cuore, pieno solo di luce e sale e Nivea. Mia madre me la spalmò sulle cosce e fu così che mi bruciai il doppio. Rimasi a casa e quando alcuni giorni dopo tornai a nuotare, il ragazzino col caschetto non c'era più.

"22 giugno 1983; la vittima, una cittadina vaticana figlia di un commesso della Prefettura della Casa Pontificia, sparisce in circostanze misteriose all'età di quindici anni…"

Bucaneve

Queste note. Questo pianoforte. Il sole che filtra tra le foglie degli alberi. La festa di maggio sulla collina identica a quella della Casa di Pony, l'armonica al posto delle sigarette, la corsa a cavallo per farle dimenticare Anthony, la vita che, nonostante tutto, andava avanti… Ero così piccolo allora, un bucaneve. Eravamo tutti dei bucaneve. E cosa mi aspettavo? In cosa credevo? Cosa cercavo? Cosa volevo? Ecco, io credo di non aver desiderato altro che questo. Solo quando avanza il buio ritroviamo le poche cose che davvero abbiamo amato.

Innamorarsi

Alla fine penso sia semplice. Quando stiamo per inna-
morarci chiediamoci, prima che sia troppo tardi, se c'è
un buco che dobbiamo riempire, e se scopriamo che c'è
ebbene andiamo in questo buco. Senza paura. Bisogna
prima fare amicizia coi buchi e le falle. Farlo bene e cre-
derci anche. Mettere gomma intorno al rame, rivestire le
prese, nessuno dovrebbe prendere la scossa quando ci
lasciamo sfiorare. E se qualcuno ancora si fa male, significa che dobbiamo continuare a lavorare. Duramente.
Giorno e notte. Siamo noi il nostro termometro, la nostra aspirina, il nostro panno bagnato, il nostro cotone
imbevuto d'alcol. Siamo noi i nostri amici.

Imbarazzo

Quando eravamo molto giovani condividevamo davvero ogni cosa con gli altri. Selvaggiamente. Non solo i patimenti o le facezie, ma l'apprendistato vero e proprio alla maturità, la propedeutica a un'esistenza felice. Poi siamo diventati adulti. E adesso ci avvediamo della finitezza di quelle formidabili esperienze di comune costruzione affettiva. Imbastendo relazioni che si reggono per un pelo sulle nozioni apprese a quei tempi - e perlopiù rimosse -, quando non eravamo artefatti o incatenati o in imbarazzo. Da adulti si è in imbarazzo per ogni cosa. La nostra è una generazione profondamente in imbarazzo. Verso se stessa, verso il proprio passato, nonché il proprio futuro. La più grande generazione in imbarazzo che la Storia abbia mai conosciuto.

Respirare

Un colpo. Qualcosa che si apre. Uno sparo. Partire. Andare lontano, via da tutto. Mare, notti, alberi, discoteche, piscine. Innamorarsi pazzamente, ridere fino a non poterne più. Guardare il sole che sale dal filo dell'orizzonte. Passeggiare sulla sabbia. A piedi nudi. Canottiera, costume, infradito. Nuova gente, nuove voci, nuove storie, un altro libro da leggere. Un'altra giovinezza. Cancellare e ridisegnare. Nuovi film, nuova musica. Fare l'amore. E il giorno dopo far colazione e poi... E poi infilarsi qualcosa come l'Amazzonia intera nei polmoni. Respirare.

Crescere

Si cresce quando si diventa capaci di separarsi, quando si comincia a capire che le cose sono temporanee, quando si smette di assolutizzare, di impuntarsi, di ostinarsi, dopo aver rotto un po' di piatti magari. Si cresce quando si accetta che il tempo è ormai passato, i nodi si sono sciolti, il rospo è stato digerito, la fretta è diminuita, le corse, tutte quelle corse a perdifiato, sono finite, e gli obiettivi, i grandi e solenni obiettivi che ci eravamo dati con tutte le nostre forze, si sono dissolti, senza fare rumore.

Zolle

Le persone sono il risultato delle parole che usano, delle frasi (poche, pochissime e perlopiù fatte) che riescono a esprimere, dei lessici che sono in grado di produrre. Più è povero il linguaggio di cui dispongo meno ampio sarà l'orizzonte gnoseologico in cui potrò restituire significato alle mie esperienze, alle mie gioie, alle mie frustrazioni. I significati esistono in quanto esistono i significanti. Se dico: "pazienza, nella vita tutto è possibile", di fatto non ho verbalizzato nulla, resto piantato in una zolla vuota di significato e non guarisco. Per guarire esiste una sola cura. Trovare parole in cui poterci specchiare.

Anni

Quando sarò vecchio e mi chiederanno cos'ho amato di più di questa vita e di questo mondo, ebbene io risponderò: gli anni settanta coi loro alberi smaglianti, il cappottino blu, Villa Ada e i Lego; gli anni ottanta col gel, Luigi, Madonna, le Lido Blu, e la Cesare Piva; gli anni novanta, coi poeti del novecento italiano, La Sapienza, Non è la Rai, l'house music, il Piper, Claudio.

Poi? Mi chiederanno. Poi non lo so, risponderò. Poi non aveva più importanza.

Social

Non esiste una patente per navigare nelle acque social. Ciascuno utilizza i social come crede. Chi come una lavagna, chi come un muro, chi come un diario, chi come uno spazio epistolare. Non vi sono guide o regole. Non c'è un dogma, né paradigmi. Ognuno diffonde ed espande il proprio misero egotismo reiterando e inglobando altrui esistenze, altrui ore, altrui minuti. Agglutinando e impastando il proprio mondo a quello degli altri (che siano conosciuti oppure no), in un unico lavico amalgama senza scopo. McLuhan diceva che il medium è il messaggio. Secondo altre menti illuminate (e più aggiornate), il mezzo è il mezzo, il messaggio è scomparso, non c'è più. Resta una vuota tautologia di noi stessi. Macabra. Tetra. Sinistra. Accettato questo ci si può annoiare, alla lunga, in santa pace.

Change

Cambiare. Posizione, angolazioni, prospettiva, geografie (psichiche, materiali, emotive, etiche). Cambiare e ricostruire. Partendo dal basso. Un battiscopa, poi uno stipite, una maniglia, poi l'impianto elettrico, la caldaia, le prese, gli interruttori. Fino al soffitto, al lucernaio, al tetto, alle antenne, su al cielo. Stuccare, scartavetrare, raschiare, passare la vernice, sgrassare i vetri, spazzar via i calcinacci, poi infilare le cose. I dvd, i cd, i dischi, i libri, divano, tv, lavatrice, armadi. Segmentando, suddividendo, ricalcolando. Imparando cosa va nel vuoto, cosa no. Soppesare. Interpretare un angolo, misurare lo spazio aereo tra una tela e una mensola. Annaffiare le pansé. Qui un tavolino di plexiglas, lì una scultura astratta, qui la ragione, lì gli imprevisti. Cambiare coordinate, definizioni, risposte, domande. Cambiare.

Common people

Sono allergico ai luoghi comuni. Al ciarlare vuoto incolore asettico ricalcato strumentale piatto omologato social-reiterato. Alla volgarità, al linguaggio sboccato di certe donne, alle espressioni preconfezionate di certi uomini. Ai motti, ai proverbi, a tutto quello che non esce esclusivamente dal cervello delle persone di cui mi circondo. All'impoverimento della riflessione. Alla pigrizia. Al sonno.

Michelangelo Antonioni

Le estati di quei primi anni ottanta si svolgevano davanti ai miei occhi come certi film di Antonioni, *L'eclisse*, oppure *L'avventura*, oppure *Deserto rosso*. Solo che io ancora non lo sapevo. Ci sono associazioni che non siamo in grado di fare se non da adulti, ossia molto più tardi, quando impariamo a raccordare i fatti, a dire: ecco, è proprio così che la vivevo io, ecco cos'era, ecco che nome aveva. Io misi nei mattoncini Lego l'anima che tolsi alle cose mobili e mutabili. La loro ortogonalità mi proteggeva da ciò che non quadrava. Per questo poi sono diventato un uomo ordinato, metodico, pieno di griglie, confini, perimetri. Per questo.

Francesco Guicciardini

Ci sono esperienze che appartengono alla gioventù. La maggior parte, a dire il vero. Fare amicizia con qualcuno, per esempio. Se hai quindici o vent'anni è parte integrante del tuo bagaglio; bisogna imparare a combattere e occorrono alleati stretti. Per farcela, dico. A quaranta invece i fortini li abbiamo eretti da un pezzo. Intrecciare nuove affettività diventa un po' come avere un incontro ravvicinato del terzo tipo. Si è alien(at)i. Del resto abbiamo già lottato a sufficienza, adesso serve proteggere il proprio "particulare" (come già ci spiegò alcuni secoli fa il buon Guicciardini), fare attenzione a chi ci vuole espropriare, strapparci la zolla da sotto i piedi. Per questo le mie amiche sole alla fine non trovano un uomo. Per questo i miei amici soli non trovano una donna. Per questo non sono solo i figli a non nascere più, ma le relazioni soprattutto. E di chi sono figlie le relazioni umane se non di un tempo in cui eravamo più giovani, più inesperti, più forti?

Imparare è il gran buco nero dell'umanità.

Pezzi

Ho perso dei pezzi strada facendo. Persone con cui parlavo tutti i giorni, con cui ridevo. Certe volte mi sembra di vivere come in quel film, *Terminal*. Tom Hanks, presente? Però solo di fuori. Dentro è più sul genere *Castaway*. È che una persona fa quello che vuole, pensa e dice quello che le va. E dopo paga un prezzo. Ti piace così? Prego allora, da questa parte. Essere liberi significa costruire una casa con una porta per entrare e una per uscire. Quando mi invitano a passare una vacanza fuori, tentenno. Sono quello del "non so, devo vedere". In realtà non devo vedere nulla. È solo che preferisco stare con un piede dentro e uno fuori. Sempre. Pure quando scrivo, o parlo, o faccio l'amore. Per metà ci sono, per l'altra no. Non ci riesco altrimenti. Sarebbe come stare in una gabbia. Per questo, dico. Per questo ho perso dei pezzi strada facendo.

#9 Dream

Nell'estate del 1982, tra le cicale del dopopranzo, affacciato dal mio terrazzino, quello che dava sul ciliegio. Dal balcone della casa di fronte si sporse un uomo in costume. Si accorse di me e fece di sì con la testa. Il pomeriggio seguente accadde lo stesso. Cicale, riverbero, afa,. l'uomo in costume che rifece di sì con la testa *#9 Dream* di John Lennon girava sul piatto, dalla tv giunsero gli echi delle bombe sulle Falkland. Caddero slip a terra. Con un sole che spezzava. E molte ombre in agguato. Ah! böwakawa poussé, poussé.

Il coraggio di scrivere

La dabbenaggine vive nei dialoghi che si inceppano, nelle ingenue opinioni che la gente ha su questo o quello. Tutti a pontificare. Tutti a costruirsi una saggezza fatta coi proverbi. Quello che non capisce perché non hai mai pubblicato un libro attraverso canali ufficiali. Ebbene, i frustrati non sono coloro che sfornano la torta nel chiuso silenzioso della cucina. Ma coloro cui, malgrado le imprecazioni, l'impasto non riesce.

Itaca

Ho sbarrato gli occhi alle cinque del mattino. Ho cominciato a torcermi sotto le lenzuola. Tra i fari delle macchine di fuori in corsa sulle pareti della stanza, nei pensieri. I pensieri delle cinque del mattino somigliano a un funerale. Vedevo me. Morto. Vedevo noi. Che usciamo, guardiamo la tv, mangiamo, parliamo, discutiamo, ci arrampichiamo sugli specchi, mendichiamo un filo di attenzione a chiunque ci capiti sottomano, ci infiliamo gli assorbenti. Così abrasi e costretti al terrore. Eccomi. Fatuo e insulso. Mi ero addormentato anch'io sugli allori, mi ero spiaggiato a Itaca. Pigro e lesso nella mia stessa vanagloria, preso solo dal numero crescente dei miei amanti d'occasione. Ho voltato le spalle a tutto, mi sono distratto. E l'abiezione era lì invece, in agguato, pronta a colpire come un cecchino. Da un luogo strategico. Mi sono alzato poco prima della sveglia. Non ho paura, ho detto a me stesso. No, non ho paura. Mi sono lavato la faccia, ho allacciato le scarpe, sono uscito di casa. Come da ragazzino. L'onda era alta. Ma io dovevo infilarla di testa. A tutti i costi. Anche se me la facevo sotto. Anche se rischiavo di lasciarci le penne. O così o non sono un uomo, mi ripetevo. O così o non sono un uomo.

Autoironia

Ho spesso constatato che l'autoironia è il solo salvagente che abbiamo se non vogliamo affondare negli inferni più estremi. Del resto è una consapevolezza che si acquisisce piano, ferita dopo ferita, lacrima dopo lacrima. Impari a ridere di te solo quando hai versato l'ultima goccia di sangue. È lì che inizi a non prenderti più sul serio. A sorridere delle tue sciagure, delle tue disfatte. A farlo con un certo occhio benevolo, accondiscendente. È lì che impari anche ad accarezzarti da solo. E a non ritenere più che ti sia dovuta l'esistenza di qualcun altro che voglia farlo al posto tuo.

Alla fine del giorno

Alla fine del giorno vorrei solo uscire di casa. Girare senza meta finché non trovo qualcuno. Uno qualunque. Con cui mettermi a piangere.

Una lunga estate

Dopo gli esami di quinta elementare trascorsi un'estate tra le più lunghe e solitarie della mia vita. Fu quando mi accorsi che mi stavano spuntando i primi peli (avrei voluto vomitare) e passavo i pomeriggio a sbirciare tra i tetti una croce azzurra e lontana, laggiù in mezzo alle antenne, oltre le creste degli alberi. Dietro quegli alberi c'erano ragazzini che tiravano a pallone, che ridevano, urlavano. Io mi torcevo il lembo della canottiera, l'elastico delle odiose mutandine bianche. Di più non si poteva, così a volte mi dico che avrei dovuto buttarmi allora, attraversare la via del garage, arrampicarmi sul selciato, superare il ciliegio e scoprire cos'era. La maledetta vita.

Deviazioni

È tratto precipuo delle nostre umane deviazioni verso l'impervio, il torbido, il palustre. Come può sedurre alla lunga ciò che è sempre esposto in vetrina? Quanto davvero potrà saziare la nostra fame? In ognuno di noi coesistono la muta Ada McGrath e il selvatico māori George Baines.

Di sera

Di sera alzavo al massimo il volume del giradischi. La musica esplodeva e riempiva di sé il soggiorno e il mondo di fuori. Io chiudevo gli occhi e incominciavo a girare su me stesso, le braccia aperte, un gran fuoco di immagini in una carambola pazza di cose talmente intense che il cuore non ce la faceva. Tanto che cadevo a terra. Col fiatone. Gli occhi lucidi. L'infinito.

Vivere

Vivere, è passato tanto tempo... Su Vasco a tutto volume anche le trans si fermano, quei loro seni aberranti che ciondolano sulle pance sfatte, sui pubi artificiali. Un anziano vorrebbe che mi facessi toccare da sua moglie che ha cinquantaquattro anni ma io scatto in avanti e lui capisce l'antifona e si rintana da solo con me. Sembra che non sia partito nessuno. Sì, ci siamo tutti. Quelli di sempre. Inverno ed estate, il profumo dolciastro, il sudore, il vapore. Vivere e sorridere dei guai, proprio come non hai fatto mai. Nessuna riserva, nessuno steccato, nessuna transenna. Un cinquantenne dice: sai, oggi è la prima volta che vado a maschi. E come ti senti? Gli faccio. Felice, risponde. Segue sonnolenza nel viavai dei corpi e delle mani. Sfiorati e accaldati. Osservo il mio popolo stando seduto su uno scranno al centro tra le immagini hard che scorrono. E mi lascio andare. E, come ogni altra volta, anche oggi sono io l'imperatore. E poi pensare che domani sarà sempre meglio. Oggi non ho tempo. Oggi voglio stare spento, laaaa la la la...

Saudade

Ecco come si chiama: saudade. Nostalgia per qualcosa che non c'è. O c'è stato. Ritrovare quei frammenti. Un Ferragosto di diciassette anni fa, io e Claudio abbracciati sulla spiaggia, oltre noi gli eucalipti di Santa Teresa di Gallura, la notte di un gran blu magnetico. Cose che ho perduto. Oppure no. Le ritrovo qui per caso. In questa bossa nova che transita sulla mia anima come una carezza. Appena un brivido lungo la schiena. Mare. Ecco cos'era.

Il blu e il verde

Un tempo conoscevo delle persone. E pur di tenermele vicino studiavo come compiacerle. Davo loro ciò che desideravano e allo stesso tempo prendevo anche io. Per non fallire seguivo naturalmente uno schema preciso. Se gli piaccio in blu, mi dicevo, allora indosserò il blu (e pazienza se nel profondo sono verde). Poi ho smesso. Ora vesto di verde. Solo che tenermi vicino le persone a cui voglio bene è molto più difficile. Do il vero e prendo quasi niente. Essere ciò che si è significa rischiare i rapporti. Tanto i potenziali quanto i fondamentali. Sempre.

Social # 2

Mi ci sono voluti cinque anni. Ma alla fine credo di aver capito. Il regno del vuoto sterminato. Il sommo paradigma del nulla. Ecco cos'è. Un'umanità che si parla addosso, che si specchia in pubblico perché a farlo in solitudine fa spavento. Incapaci di interagire nei sapori e negli odori, ci muoviamo in chat imbarazzanti e imbarazzate. Ché oggi se telefoni a qualcuno sei uno stalker. Allora faccine e poi faccine e poi di nuovo faccine. Siamo emoticon sgrammaticate. Tento con sforzi disumani di costruire qualcosa di nuovo, qualcosa di buono. Di uscire da questa griglia artificiale. Ma non ce la faccio. Che beffa. Incroci di belle occasioni che temono per il loro stesso fiorire. Meglio seguitare a farci selfie sperando in un paio di likes. Meglio vagare per Gruppi armati di copia e incolla. Meglio le tette, i culi, i tatuaggi, i cibi, le spiagge. Tanto è in questo che ci siamo specializzati. Ciascuno un banco, ciascuno la propria merce. E sarebbe perfino struggente se non ci illudessimo che qui si fa sul serio. Meglio battere le mani che parlare. Ma sì. Dopotutto questo è un concerto rock. Noi sul palco, giù la claque.

Quel che si trova nel mezzo

I momenti più belli del giorno? Il mattino presto, così ripulito delle scorie della notte prima. E l'imbrunire. Coi rumori delle cucine che si perdono tra i balconi, quel ritrovarsi a luci accese, il blu che sopraggiunge dai tetti, il vento. Cos'altro conta? Quel che si trova nel mezzo? No. Quel che si trova nel mezzo è il tempo perso, mucchi di cose che in fondo tutti dimentichiamo in fretta.

Struggle

Esiste uno iato, misurabile in termini di stima e motivazione affettiva, tra la semplice espressione del dissenso verso qualcuno e la scelta – spesso legittima – di separarcene. Se ci troviamo in disaccordo, dobbiamo ragionare sui benefici di una dialettica fra noi, altrimenti non capitalizzeremo, né io, né te, e allora tanto vale dirsi addio. Se invece crediamo tutti e due che attraverso questo contrasto cresceremo allora lo sforzo varrà la candela. Solo, sarà un ring. Perché a un certo punto bisogna saper che fare dei dissapori che si generano tra noi. E chiedersi infine se i risultati ripaghino della lotta che, in un senso o nell' altro, al fischio dell'arbitro pur sempre avremo affrontato.

À rebours

Il viaggio più importante deve condurti negli oggetti che ti hanno preceduto. In quei libri ingialliti, che sono lì da molto tempo prima di te e appartenevano a tua madre, a tuo padre. In quei vinili, in quelle cravatte. In quegli odori che promanano ancora dal fondo dei loro cassetti chiusi a chiave. Li vorresti aprire ma poi rinunci. Eppure il viaggio più importante è lì, attraverso quei quaderni, in quelle foto scattate prima che tu nascessi. In quella cantina, dentro quelle scatole. Tu vieni da lì, da tutto ciò che è stato prima del tuo primo pianto. Da chi è stato bambino prima di arrivare a metterti al mondo. E da chi fu bambino prima di lui. Indietro e indietro e ancora indietro. Fino a qualcosa che potremmo chiamare Dio.

Le mie battaglie

Ciascuno di noi ha delle battaglie da portare avanti. Io lotto contro chi fa del male agli animali e agli insetti. Contro i bifobi, gli omofobi, i transofobi. Contro gli i-pocriti, i moralisti, i benpensanti, gli approssimativi, i vittimisti, i lamentosi a oltranza, gli intellettuali spocchiosi, i bigotti. Contro chi utilizza i social come una rivoltella e spara a caso sulla folla. Contro la strumentalizzazione psicologica che spesso si attua in amore e sul lavoro. Contro la maleducazione, la strafottenza, l'arroganza, l'umorismo fuori luogo. Contro chi denigra gratuitamente e non sa apprezzare quel che di buono la vita offre.

Ritorno

Se non fosse per la ciclicità sarei morto da parecchi anni. Fortunatamente di professione faccio il nostalgico. Così anche se perdo pezzi per strada, poi, di colpo, ricordo tutti i pit stop a cui mi sono fermato durante la corsa. Le revisioni, i rabbocchi, le saldature, la fiamma ossidrica, le pacche sulla spalla. Difficilmente nella mia vita ho conosciuto dei veri bastardi, lo ammetto. Ma siccome salgo e scendo le scale del tempo, allora so di potermi sempre riabilitare agli occhi degli altri. Quelli che vedi sul mio braccio sinistro sono dei numeri. Ma non sono un deportato. Non ci sono finito nel campo di concentramento. Ho infatti imparato a scavare tra la rete e la terra. È solo questo che dico. Che ogni tanto sento il tuo richiamo. Attraverso gli anni. Come succedeva a Grenouille con gli odori. E allora trovo la strada per tornare. Io trovo sempre la strada per tornare. A te.

Disinfestare

Col passare degli anni mi rendo sempre più conto di una cosa. Si perde un mucchio di tempo discutendo in modo sterile di questo e di quello. Non si arriva mai da nessuna parte. Esiste solo una reciproca smania di imporre idee. Ciascuno le proprie. Per questo motivo bisogna scorciare in fretta i rami che pesano inutilmente, i rampicanti che soffocano la nostra evoluzione. Date un calcio a tutti quelli che vi controbattono, sapete bene che non vi apprezzano appieno, non vi capiscono al primo sguardo. Se dovete spiegarvi, se dovete giustificarvi, è segno che qualcosa non va. E serve poi? Serve discutere? Qual è lo scopo? Bisogna saper trovare avversari degni se proprio c'è bisogno di salire sul ring. Ma guardatevi attorno per un istante e ditemi: c'è forse qualcuno che sia abbastanza degno della vostra attenzione? Di un vostro pugno in faccia? Se la risposta è sì, ebbene, lì e solo lì allora è l'amore. Crudo e potente e aspro anche. Ma non il resto. Il resto sono piattole, pidocchi, sanguisughe.

Istanti

In questi ultimi anni ho conosciuto un numero incalcolabile di persone. Tutto così fulgido e spumeggiante in principio, tutto così carico di aspettative ed eccitazione. Al punto che ogni volta sembrava chissà cosa stesse per accadere. Serate, discorsi, risate, progetti, appuntamenti, musica, ore piccole, discussioni – spesso piene di passione –, feste, follia. E poi... E poi invece non erano che istanti, minuscoli guizzi, razzi scoppiettanti nella notte gelida di Capodanno. Non rimangono che ultimi residui adesso, poveri imbarazzati scampoli, fraintendimenti, sviste.

Casting

E poi cos'è successo? Aspettami oppure dimenticami. Ma, sai cosa? Io non ho dimenticato. Niente e nessuno. Mai. È questo, fidati, il mio più grande problema. Io mi affollo di ricordi e galleggio sospeso nell'attimo in cui tutto poteva succedere. Per questo ho amato in una lunga corsa a perdifiato, passando il testimone ai miei co-protagonisti. Uno alla volta, i miei meravigliosi centometristi. Di questo mio film, certe volte frenetico, certe volte spoglio e di una banalità indecente, volevo essere l'ostaggio da riscattare. Salvo poi rileggere i titoli di coda con maggiore attenzione e crollare davanti a un solo nome per ogni ruolo. Il mio.

Per scrivere un romanzo

Quando decido di scrivere una storia, cerco di non muovermi alla cieca ma stabilisco il punto di arrivo prima di cominciare. Il punto di arrivo è all'origine del progetto. Ciò per cui si può iniziare. Poi adotto un lettore implicito, qualcuno che possa essere testimone e complice della mia espressione. Infine stabilisco i tempi narrativi. Come fosse una partitura musicale: adagio, oppure allegro, oppure allegretto, e così via. E poi butto giù e poi sovrascrivo, come se stessi tessendo una maglia. Avanti e indietro. Non linearmente da un punto A a un punto B, ma a spirale, dall'esterno all'interno e viceversa, occupandomi dei capitoli iniziali e di quelli finali, nello stesso identico momento. Come se stessi impastando una torta. Le cose devono amalgamarsi tra loro e perché la torta venga bene devono amalgamarsi tutte insieme.

Glasnost

C'è qualcosa di immutabile nei modi degli adolescenti. Il trucco impiastricciato e spregiudicato sui visi delle ragazzine, i ragazzini e gli spintoni che si danno tra loro. Negli anni ottanta funzionava allo stesso modo. Meno smartphone e più agende gonfie di qualunque cosa, la sigaretta del desiderio, il ripasso alla carlona, il broncio, le parolacce, le risate cafone, il tanfo del sudore rappreso nelle tute. Hanno ancora tutti quel nostro stesso sguardo velato, le bocche semiaperte e spente, nessuna illusione, in più i selfie forse e l'hip hop nelle cuffie. Sanno a memoria Fedez. Multietnici, più di noi allora. Più effeminati i maschi, più mascoline le femmine. Meno curiosi, chissà. Meno battaglie da fare, forse. Noi venimmo su col capitalismo da una parte e la glasnost dall'altra. Venimmo su indottrinati dai Pink Floyd e dalla new wave. Venimmo su nello spirito umanitario del Live Aid. Cotonandoci i capelli. Sulla testa dei ragazzini di oggi pesa invece la mano dei terrorismi e del grande tracollo economico, il senso perverso della nostra raggelante caduta. Noi ci baciavamo molto da ragazzini. Dio, anche loro se è per questo, identica aria di sfida e chewing-gum tra i molari. Ma allora cos'è? Cosa, perdio? Forse è solo giovinezza. Che scoppia e sembra passare, invece non passa mai.

Heroes

Quando infili *Heroes* in cuffia e ti accingi ad affrontare il lunedì tra i cocci del fine settimana e il tuo lavoro da portare avanti, le cose da dire ancora e quelle da non dire più. E senti qualcosa di freddo, un rasoio alla gola. I ragazzini dormono in un angolo in fondo all'autobus e hanno i capelli sudici, immuni al traffico di fuori, al dialogo col prossimo, dalle loro madri ai loro padri, a questo mondo indifferente che gli è stato lasciato. Non si lavano. Puzzano. Cioè, la gente puzza. Un tanfo che esala dai tombini lungo la strada, dalle nostre coscienze. Paccottiglia di buoni propositi, degenerati torpore mattutino, in fetore che cresce e devasta. Ma possiamo essere eroi. Possiamo essere delfini. Possiamo essere noi. Almeno per un giorno.

Neghini, neghini, nasanucolò

Facile animarsi per il buono, il giusto, il virtuoso. A me però attraeva di più il controverso, l'oscuro. E non in quanto subissi il fascino del malvagio, bensì l'opposto. È che nei cattivi cercavo le ragioni, il lato malinconico, indifeso. Credo che l'apice della grande dicotomia che vede protagonisti indiscussi il bene e il male sia stata rivista a partire da *Star Wars*, amplificata dal Tao, vero marchio degli zaini Invicta dei figli della Guerra Fredda. Una goccia di bene nell'olio del male, una goccia di male nell'acqua santa. Amaso aveva le matite al posto dei capelli. Dei tre ministri della Regina Himika era il mio prediletto, allo stesso modo in cui, a differenza di Capi, Dolce e Jolicoeur, lo era Zerbino. Seguivo Remì nel suo viaggio stando attento al suo cane nero, preoccupato per lui. Ci sono venuto su con quest'ansia. Sarà che del tutto inaspettatamente Himika a un certo punto moriva e anche il più sfegatato fan di Jeeg non poté non restare di sale. Chissà che tutti quei cartoni non fossero la risposta a Hiroshima e Nagasaki, il tentativo maestoso di un popolo di esorcizzare (con l'apparente linguaggio dei bambini) le conseguenze del massimo morso della Storia. Neghini, neghini, nasanucolò.

Da ragazzi

Da ragazzi ci si concede il tempo, il domani. Per rime-
diare alle incoerenze, correggere il tiro. Per riparare agli
errori, smarcare gli abbagli. Ci si dà una seconda possibi-
lità, e una terza anche, una quarta, una quinta. Ci si dà
spazio. Tanto spazio. Per far funzionare quel che era in-
cominciato male, fra le note dolenti, i tradimenti, i pugni
e le pedate. Si aspetta. Da ragazzi si può aspettare. Sui
muretti. Nei cortili. Davanti a una porta chiusa. Soli. Di
domenica. Fradici. E furtivi anche. Nell'erba. Si può a-
spettare. Che arrivi, poi passi. E dopo, dopo non si a-
spetta più. Dopo è andata. Il tempo clamorosamente
scaduto. Ci si abbandona al primo no, al primo graffio,
al primo dissenso, ancor prima. Restano questi cigli di
strada brulicanti di adulti scaraventati fuori da auto in
corsa, resta un gran mucchio di giovani vecchi adulti az-
zoppati.

Verso il cielo

Certe volte alzo la testa a guardare la linea che divide le case dal cielo. E allora mi chiedo se ho vissuto appieno la mia vita. Se ho fatto parecchio o avrei dovuto azzardare di più. Ci penso, certo. Ci penso perché oggi potrei morire. Perché ogni giorno potrei morire. Un tempo me ne fottevo di questa cosa della morte. Neanche troppo a dire il vero; certo più di adesso. Ma gli anni sono passati e ho preso ad accelerare i ritmi con la sensazione crescente di non poter arrivare ovunque io abbia sperato. E allo stesso tempo a fermarmi. Su quella dannata linea. Quella dannata linea che divide le case dal cielo.

Il come

Si fa opinionismo. Tutti parlano di tutto. Politica. Sport. Ecologia. Attualità. Quasi che non siano bastati, tra elementari, medie e liceo, tredici anni di temi in classe in cui ci veniva chiesto, a noi ragazzini indifferenti e idealisti di quegli anni sciolti, ciò che pensavamo del mondo. Poi ci hanno dato i social. E quei temini (sovente con gli stessi identici errori ortografici di allora) si perpetuano *in omne tempus*. Tutti a pronunciarsi su tutto. Lo stesso fervore. La stessa pletora. La stessa enfasi. La stessa retorica. In una corsa alla divulgazione che fa paura. Il telegiornale e poi il social, adiacenti l'uno all'altro come un *Porta a Porta* senza fine. Presenzialisti sulle nostre belle sedie ergonomiche. O sui marciapiedi. Poco cambia. L'importante è dir la propria. L'importante è dirla, averla detta. Come?, fa niente. Non siamo Voltaire. E del come non frega una mazza a nessuno.

Vorrei appassionarmi di più alle persone

Vorrei appassionarmi di più alle persone, allontanare i cani da guardia da davanti il portone, regalare frutta nel cesto ai nuovi vicini, stringergli la mano sullo steccato che divide i nostri giardini, apparecchiare sotto il pergolato e concederci il bicchiere della staffa, fumare senza fretta, rievocare l'infanzia, i blocchi di partenza, vorrei avere ore e spazio, un modo per farci strada gli uni negli altri, dedali di sassi, radici sottoterra, strami ed abissi, ferite da cucire, garze per rattoppare certe stanze rimaste disabitate, quindi abitarci, poi starcene zitti, nell'erba bagnata, col sussurro delle rane e quello delle bombe, farlo adesso che sono ancora lontane.

Un letto ben fatto

A volte mi sembra di vivere come certe bestie. Brancolo semicieco per le gallerie dei giorni. Accumulando dati. Combinando più cose insieme. Addizionando questo a quello. Canzoni, film, letture. Ingoiando epifanie e scorie. Sono il buco di un lavandino, la bocca di una pattumiera. Non differenzio, ma inglobo. Le storture e il buono di chi è buono con me. Contraccambio con la stessa moneta. Ammasso gettoni, dopo divido a malapena i bianchi dai colorati, ficco tutto nell'oblò e mi siedo ad aspettar che sia asciutto e pulito. Poi ricomincio da capo. Scrivo per non vomitare. Ma sono uno che non esce di casa se prima non ha spazzato il pavimento. La prima cosa imparata. Rifarmi il letto. Se potessi chiedere a Dio cosa voglio io prima di crepare, ebbene, un letto ben fatto. Poi volino gli stracci.

Tyche

Quantunque la bellezza esteriore sia subordinata a dei precisi parametri, nondimeno fascino e appeal si misurano in base alla capacità (spesso innata e involontaria) che alcuni soggetti (anche non canonicamente belli) hanno di "fingersi" attraenti e di piacevole aspetto. La natura è capricciosa, si sa, genera a caso bellezza e bruttezza. Esser perfetti fotomodelli, oppure dei freaks, ha solo a che vedere con la fortuna (la famigerata "tyche"). Eppure cosmesi e cura di sé hanno ormai compiuto passi da gigante. Chiunque potrebbe far sulla propria immagine un ottimo lavoro di "ricostruzione". Partendo tuttavia da un principio imprescindibile. Se ambisco alla "mia" bellezza, devo supporrmi fin da subito come potenzialmente bello, ossia evitare che gli altri mi sottostimino. Gli altri sono l'astrazione con cui ci confrontiamo immediatamente subito dopo lo specchio. Gli altri sono fuori e dentro di noi. Di fatto quanto più fiero andrò del mio aspetto, tanto più il mondo subirà il mio carisma (quand'anche esso fosse un colossale, strabiliante bluff). Al contrario, quanto più mi lagnerò in giro delle mie imperfezioni, tanto più gli altri saranno riflessivamente indotti a disprezzarmi.

Infelicità

Negli adulti l'infelicità si affaccia tra i ricordi delle cose vissute da ragazzi, poi smesse. Sale dagli scantinati in cui abbiamo sigillato i nostri giocattoli, i nostri primi amori, certe grandi passioni che d'un tratto reputammo vizze invece dovevano ancora fiorire. Dai ripostigli in cui abbiamo nascosto vecchi amici come fossero strofinacci lisi. Dalle soffitte in cui abbiamo abbandonato quel modo che avevamo di vedere lo sviluppo della nostra vicenda umana, la nostra stessa fervida immaginazione. Oggi camminiamo tra le lapidi di tutto quel che, per imbarazzo o per pudore, non siamo stati in grado di far durare nel tempo. Malgrado ciò alla fine abbiamo capito. Che crescere significa imparare una cosa, poi rinnegarla, poi rimpiangerla. Questa è la storia dell'uomo. Questa.

Prendersi il mondo

Nella vita bisogna imparare a giocare d'attacco. Se sai stare in difesa, ottimo, okay, ricevuto, proteggi ciò che ti sta a cuore. Ma poi? Pensi che sia finita lì? Il vero motore è nella motivazione che ti darai per mordere tutto lo spazio enorme che resta. Per innamorarti. Innamorarti, sì. Di una cosa qualunque, non importa cosa. Persone, alberi, una strada, un film, quella canzone. E poi dargli sotto. Se non pigli tu la palla finirai in panchina. E una vita in panchina è triste. Gli altri che giocano, tu in panchina. Alzati, allora. Alzati e ricordati di quando eri un cane e abbaiavi e davi zampate e non volevi prenderti solo il campo. Ma il mondo.

Novembre

Amo da sempre i giorni corti di novembre. Roma che si impasta in una frenesia di neon e negozi. Guarda: un gigantesco orto. Fari, semafori, lampioni, insegne. Quante scintille. Il carosello elegante del glamour. E come si pavoneggiano adesso quelle vetrine. Questa città non avrà le luci di Parigi, però qualche volta fra le gote secche dei larici si affaccia un rasoio di luna e nessuno ha più paura dei lupi.

Blue jeans

Trent'anni fa i jeans sgarrati al ginocchio erano anzitutto un fatto morale, più dell'imperativo kantiano, più del "dover essere" di Kundera. O ti tagliuzzavi i jeans o eri uno schifoso piccolo borghese. Lacerai talmente ad arte i 501 che Luigi mi aveva regalato da farlo pentire amaramente il pomeriggio che ci uscii. Era il 1986 ma io volevo precorrere i tempi. E poi sapevo di avere Madonna dalla mia. Anche lei aveva i 501 scorticati. E sapeva di libertà. Poco fa da un portone è uscita una ragazza sui venti. Io guardavo i trifogli e il mio cane ci pisciava sopra. Anche lei cogli sgarri al ginocchio. Quelli però che vanno di moda adesso. Senza sfilacciamenti, senza sbreghi. Bocche perfette. Che se ti siedi sbadigliano.

Veri amici

Le persone che scegliamo di frequentare coincidono perlopiù con certe nostre fasi esistenziali, certi nostri periodi emotivi, passati i quali son passate anche loro. Probabilmente la vera tragedia dell'amicizia sta nella sua estrema difficoltà a durare, nella sua assai rara costanza attraverso gli anni. Alla fine i soli veri amici che abbiamo sono quelli che per ragioni misteriosissime hanno superato tutte le stagioni, bellissime oppure terribili, della nostra vita.

Io piango

Io piango la filosofia antica, piango i dialoghi socratici riferiti da Platone. Piango sul vuoto delle mille discussioni intavolate ogni giorno senza altro scopo che non quello di misurarcelo a vicenda. Intrappolati in un sistema comunicativo privo di aria e peso e amore. Ciascuno condannato a fare sit-in nel proprio modesto soggiorno. Come se non fosse l'armonia una meta o una necessità. Ma la fame che abbiamo tutti di arrivare sempre per primi. Perfino alla morte.

Frivolo ma consapevole

Stanotte scorrevo il film della mia vita. Un ragazzo frivolo ma consapevole. Questo sono. Ho puntato a divertirmi con quel che avevo a portata di mano. Sempre. Spesso forzando un po' il gioco. Una sola volta ho fatto un frontale indimenticabile, di quelli che balzano in prima pagina, se sapete che intendo. E fu quando mi innamorai. Claudio. Là fu come spararsi acidi in dose da elefante, in una notte sola. Mi hanno raccolto col cucchiaino. Dopo però me la sono goduta come un barbaro. Con precauzione, logico. La stessa che per abitudine chiedo a chiunque per proteggermi dalla vulnerabilità. E rendermi autonomo. Amico di me stesso. Forte abbastanza anche per gli altri.

Prigione

Ho amici spaventati dalle loro mogli/compagne carceriere, controllati nei movimenti, anche virtuali. Ho amici oppressi, indagati, ammanettati, resi colpevoli, ridotti a figli come i loro stessi figli, né più né meno, a turisti sessuali. Campano di strategie misere, non hanno più amici e se li hanno – perlomeno ufficialmente – bene che siano accoppiati pure quelli. Ho amici e amiche intrappolati da altri individui senza cervello. Terrorizzati all'idea di far da soli mentre a guardar bene è una vita intera che fanno da soli. Ho gente intorno che vive in libertà vigilata solo perché sotto sotto non sa dove sbattere la testa. Gente deportata, alla mercé di kapò e aguzzini infelici quindi cattivi. Con loro non so mai bene in che lingua parlare. E non posso certo star lì a ragionare di fallimento. Anche se in effetti fallimento è l'unica parola che mi viene in mente.

Potere

Nella vita c'è un solo modo per sottrarsi alla schiavitù. Acquisire potere. Giorno dopo giorno. Potere, esatto. Non c'entra niente Dio e non c'entrano i sentimenti o l'umanitarismo. C'entri solo tu e la scalata che devi fare se non vuoi crepare sotto le scarpe del mondo. Potere. Ficcatelo bene in testa. Potere.

Autismo sentimentale

La maggior parte di quelli che conosco hanno sofferto quando non sono stati sentimentalmente corrisposti. Io credo di soffrire del male opposto. Il mio autismo sentimentale è come un muro, non ha ingressi. Come mi metto con quest'uomo? L'ho portato da questa parte e ora che avverto il suo desiderio mi sento paralizzato. Sì, insomma, ragiono già su quale scusa mettere. Potrei dire che si è ammalato qualcuno e non posso più. Oppure vado lì e tronco. Io non so cosa mi abbia fatto diventare ciò che sono diventato. Cosa volevo provare a me stesso? Che miracolo dovrebbe compiere un uomo che vorrebbe trascorressi i momenti più felici della mia vita insieme a lui?

Io sono un uomo che per essere felice ha bisogno che nessun amante entri nella sua vita. Non lo faccio apposta, è che non sono in grado di amare nessuno. Né chi non mi ama, né chi vorrebbe.

L'inganno del desiderio

La maggior parte delle persone desidera ciò che non può avere. Una parte assai esigua di esse raggiunge quel che desidera. Dopodiché scopre la noia.

Il mio scopo

Un dipinto, una fotografia, ti rubano pochi istanti. Ti passano dentro e dopo ne serbi qualche vaga traccia. Occorre tornarci sopra, più e più volte. Una canzone, un film, possono accoltellarti se vogliono. Sarai condannato a portarteli dentro. Fino nella tomba. Una poesia agisce sulla tua psiche. Ti farà franare nelle convinzioni e nelle prospettive. Un libro, un romanzo, scaverà molto lentamente dentro di te. E si riaffaccerà quando non riceverai altro conforto da questa vita.

Quelli che amano

Eccoli quelli che amano. Sono queste pire. Queste torce nella neve. Sono miseri, ridicoli, e ti stordiscono coi loro gemiti. Fattene una ragione. Nulla è più tragico di chi rema senza più il favore del faro.

La scrittura

Dovrò riuscire a trovare conforto nella scrittura. Mi farà da madre e da figlia quando arriveranno tempi peggiori. Quando annotterà intorno a me. Anche se vivrò. Ché vivere senza amore è devastante. Arriva il giorno che diventi diffidente e cattivo e non hai più niente da perdere.

Un bravo ragazzo

Di base sono un bravo ragazzo. Lavoro, mi lavo molto, mangio sano. Fumo, è vero. Ma un uomo almeno un vizio deve pur averlo. Divento spigoloso con chi si prende troppa confidenza. Con chi non è gentile con me. E sono cauto e introverso. Capisco le persone in fretta. Mi servono tre minuti per capire se uno è cattivo, psicolabile, oppure semplicemente se la sta facendo sotto. Sono sveglio e svelto. E non è facile avere a che fare con me sulla lunga durata. Stresso molto le cose. Le spremo. Perché a me il grasso fa schifo. Io voglio l'osso. E faccio lo slalom per arrivare al punto. Il punto è la soddisfazione opposta alla frustrazione, vale a dire il binomio su cui poggia l'intera esistenza umana. Certi periodi sono un vampiro. Ma negli altri torno placido. E ragionevole. E affidabile. Sereno anche nella mia solitudine comune, ordinaria. Felice in qualche modo che vivendo ho imparato. Sì, felice.

Non siamo film

Sono convinto di una cosa. A vent'anni si ha un grande deserto di spazio e tempo davanti, un gigantesco vuoto che facilmente può essere riempito dal cosiddetto amore. Si dovrebbe far tutto lì per lì. Innamorarsi, fidanzarsi, accasarsi, eccetera. A quarant'anni, dietro hai una sfilza di bunker e vasche e soffitte e cantine, davanti una strana fretta sudata, un malessere che è difficile nominare. Per questo non ti innamori. Sei prudente e guardingo in una città prudente e guardinga, dove tutti sono appesi a un unico filo fragile. Mi dispiace per chi oggi a quarant'a o a cinquant'anni sia rimasto solo. Per amarsi adesso non basta scopare bene, voler fare un viaggio insieme. È solo questione di giorni. Sono torce che ardono svelte. Ti svegli e trovi cenere. Masse nere di cenere. Per questo non ti avvilisci nemmeno. Spazzi via tutto mentre realizzi una cosa: se i passi non si fanno al momento giusto, spiacente, dopo non funziona più. Non siamo film, non siamo canzoni.

In prima linea

Quasi tutte le persone che conosco (o ho conosciuto nella mia vita) non si sono mai soffermate più di tanto sull'orrore ontologico del mondo. Piuttosto hanno preferito biascicare in una lingua logora e frusta. Li sento sempre mormorare di questo e quello con una tale sfrontata operosità che ogni volta suscitano in me un misto fra pena e tenerezza. Così attenti al caso microbico del giorno, oggi un pedofilo, domani un condannato a morte, dopodomani un attentato terroristico. Sempre lì, in prima linea, i mitra carichi, indignati e pronti a dire "no", come foste tanti piccoli e laboriosi Marcuse. Li leggo, li ascolto, e qualche volta sorrido. Quando ho voglia di autenticità trovo nei prati una risposta, nel silenzio una certezza, nel sonno una giustizia, nella fame e nella sete e nel pianto il vero. Il solo possibile vero dell'esistenza umana. Ma, tranquilli. Gli altri, lo so, non sono abituati alla tragedia.

La noia

Io giudico gli altri e ne misuro le capacità unicamente attraverso il rapporto di forza che instaurano con me. Sono predatore e territoriale per cui inevitabilmente mi accendo solo nel confronto con una mente/preda riottosa. Ci sono anche altri esseri alpha in giro, questo è vero. Con loro ci si annusa e si convive senza pestarsi i piedi a vicenda. Il problema di un predatore è la noia. Il topo preso, dopo un po' è rancido.

Ordine

Sono uno che da ragazzino scelse di mettere in ordine. Per me l'ordine viene prima di ogni altra cosa. Ordine dello spazio, della casa, delle singole azioni da compiere, degli oggetti, delle persone. Ordine del tempo. Delle parole, delle relazioni. Se qualcuno sposta un oggetto dalla posizione in cui io l'avevo sistemato, sono emotivamente paralizzato fino a che non lo riporto alla sua posizione originale. Non posso mangiare, scrivere, lavorare, dormire, amare, se prima le cose non sono tutte perfettamente in ordine. Non tollero curve o diagonali nella mia vita, le cose devono essere ortogonali e disciplinate, rigorosamente simmetriche altrimenti sto male, ho alterazioni del comportamento. Ogni cosa deve reiterarsi nello stesso identico modo della volta prima, altrimenti perdo la rotta e vado a sbattere. Non devono esistere pieghette nel mio letto che solo io posso rifare spianandolo come il marmo, in caso contrario impazzisco. Niente e nessuno deve entrare in conflitto col mio ordine della realtà. Se accade ho i tremori. A volte credo di soffrire di una qualche forma di autismo psichico che però nessuno (neppure la mia psicologa in tredici anni di terapia) mi ha mai diagnosticato. L'ordine oggettuale è alla base della mia anaffettività, del mio egotismo, della mia incapacità di farmi toccare dalle persone che conosco e frequento.

Il senso della realtà

Di tutti i piaceri umani uno solo non nuoce alla nostra salute psicofisica ma anzi produce in noi importanti benefici: il sesso. A differenza del cibo e delle droghe, il sesso ci appaga e rende agili, ci aiuta a eliminare le tossine, a dormire meglio. Il sesso è puro piacere senza controindicazioni, senza effetti collaterali. A patto che sia: protetto, non venga inconsciamente stigmatizzato, la si pianti una volta per tutte di confonderlo con l'amore o l'amicizia. Fate sesso se vi va. E non date altro nome alla cosa. Si chiama senso della realtà. Volendo, felicità.

Autostop

Credo che alla fine vorrei provare a stare con qualcuno non propriamente per un mio bisogno intrinseco, quanto per la frustrazione che produce in me l'osservazione della vita di coppia degli altri, la loro apparente felicità. Ci pensavo sabato sera. Al compleanno di Mauro. Tralasciando che quasi tutti i miei amici abbiano figli, al solito ero l'unico non accompagnato. Mi sarebbe piaciuto sfoggiare qualcuno, ecco. Sentirmi loro pari. Uguale. Ma come, pur avendo preso la patente, di fatto non guido, così tutto sommato anche quella di un legame stabile è una macchina che alla lunga non saprei portare. Se provo a salirci, se metto in moto, dico, e mi allontano, poi inevitabilmente sbando e invado la corsia opposta e allora, ecco, allora, no, allora meglio scendere, proseguire a piedi. Per conto mio. O, al solito, fare l'autostop.

Up and down

La mia fase up è finita. Sono satollo e terribilmente stanco. Come avessi scalato una parete rocciosa. Ero sulla mia macchinina a scontro, ero al luna park. Ho sbattuto contro chiunque. Avevo bisogno di crashare. Letteralmente. Bucare le gomme, finire impantanato, calpestare, fare del male e farmene. Sadico e masochista a un tempo. Come un bisogno incontenibile di frittura. L'opportuna scossa da dare al fegato di quando in quando. Un'overdose. Si sa che bisogna. Serve a riequilibrare il metabolismo, formare una crepa, un confine tra un prima e un dopo. Adesso sono al day after. Bufera ormonale che sciama lontana. Ripristino del sistema. Bisogno di parlare. Ascoltare. Dopo aver sovvertito un ordine è quanto di meglio io riesca a fare. Nella fase down.

Aderenza

Tasca di sole scucita sulle pareti delle palazzine. Montesacro all'andata e senso di aderenza. Aderenza, sì. Alla bastarda puttana sbracata voglia di vivere. Alla certezza dei disastri di fronte ai quali la soluzione migliore resta sempre la stessa: scrollare le spalle. E aprirsi un varco. Per rifare tutto quanto da capo, ripensarsi, darsi un voto, un calcio alle chiappe e poi un premio. Se alla fine meriterò il primo posto dopo potrò gustarmi l'estate. Come uno sbarbatello testa di cazzo. Un leprotto tra le verze. Il figlio illegittimo di James Dean e Franz Kafka.

Phoebe Cates

Fui tratto fuori dall'infanzia – per le orecchie, come un coniglio nascosto fra le lattughe –, quando al caschetto innocente di Sophie Marceau si sostituirono pruriginose le natiche di Phoebe Cates. La domenica a *Superclassifica Show* mandavano in onda la sua canzone, *Paradise*, ormai in testa alle classifiche. Il video era un collage di spezzoni del film, con questa sequenza in cui Willie Aames le stringeva le chiappe, entrambi nudi. Nel 1982 non c'era l'Isis ma le Falkland e Nikka Costa, e la cosa più bella che potesse succederti era di scavalcare i giochi e le fiabe di prima per approdare all'isola selvaggia della fase numero due. Come un magnifico rito di iniziazione. C'era stato un velo e Phoebe Cates lo tagliò per tutti noi. Che fiduciosi andammo dall'altra parte. Chi a vivere, chi a morire.

Il dovere di noi

Ciascuno chiede di essere ascoltato. Non è chiaro il motivo. Non sono chiare le parole, i linguaggi, i concetti. Le idee stesse non lo sono, sempre così difettose e scarne, specialmente le idee della gente qualunque. Nondimeno cresce questo vocativo: corale, viscerale, impastato ai brusii della Storia. Ognuno cerca orecchie cui confessarsi, qualcuno che frattanto non sia divenuto sordo. Anche se non sa cosa dire, anche se non sa come dirlo. Anche se ha perso tutto, comprese le parole, specialmente le parole. È la grande disforia del genere umano, questo vicendevole auscultarsi senza realmente capirsi, senza realmente tradursi. La speranza che chi ci circonda prima o poi si assuma il dovere. Il dovere di noi.

Prima

Noi si campa tutti così. Amici e sconosciuti. Prossimi e distanti. Motivati e menefreghisti. A me ora importa di te, poi non lo so, dopo non so più niente. È la *condizione*. Non lo facciamo apposta. Ci è interessato tutto troppo prima. Quando tutto era interessante. Infatti che casino, che rivoluzioni, porca troia. Prima.

Scrivere

Se nella vita decidi di scrivere, il pudore, la vergogna, sono cose alle quali dovrai rinunciare. Non puoi essere un fariseo e sperare di impastare qualcosa di autentico. Non puoi importi gabbie e poi pensare di farla franca. Alla lunga non ti crederà nessuno. Se decidi di scrivere, devi rompere le cortine. Stracciare il campo. Prendere a calci le porte e farti male. Devono farti male le dita, gli occhi. Devi crollare o sfinirti d'insonnia per un aggettivo che si è appoggiato male. Trovare una lingua che sia tua e poi di alcuni e poi di tutti. Ammazzarti molto, e ammalarti e amare. Se vuoi scrivere devi amare tutte le cose. Quelle che odorano e quelle che ti fanno vomitare. L'immondizia e il tempo. Devi amare il tempo. Il tempo che ti serve e contro cui dovrai lottare per mettere al mondo i tuoi mostri come i tuoi angeli.

Gesù di Nazareth

Io quando capito su *Gesù di Nazareth* di Franco Zeffirelli crollo. Tutto in me crolla. Ogni mia convinzione, dogma, paradigma. Sarà che mi innamorai di Gesù che avevo sette anni. Io davanti a questo Gesù mi sento l'ultimo degli ultimi, il più errante e peregrino fra gli uomini. Al punto che se posasse la sua mano sulla mia testa, non avrei che lacrime. E mi inginocchierei. A baciargli i piedi.

Adattarsi

Tra le cose che non sono stato bravo ad imparare nella mia vita c'è di sicuro la capacità di adattarmi a un gruppo di persone con cui devo condividere uno scopo. In automatico, passato un certo periodo di tempo, mi pongo in contrapposizione. Né ho imparato l'abilità a risultare simpatico, in quanto in una stanza con dieci persone di norma me ne resta simpatica una e allora ci piscio contro per dire che è mia. Nella mia vita non ho imparato a dire ciao. Odio dire ciao per convenzione. Il ciao è la stronzata più sopravvalutata del mondo, soprattutto se non è spontaneo ma normalizzante. Non ho imparato a socializzare naturalmente perché soffoco dopo due minuti. Non sono stato capace di creare coesione, omogeneità, ma sono scaltro nel creare divisione e nell'isolare cose e persone. Psicologicamente. Sono un individualista che vive e lavora bene da solo. Per questo scrivo. Per scrivere mi basto. Ma poiché il fuori mi serve per mangiare… Un uomo consapevole del compromesso a cui è dovuto scendere è come me. Un uomo ispido e difficile da amare.

In la minore

Vivo la vita quasi costantemente in la minore. Il la minore è il suono che faccio io. Accanto in genere ci sono i mi, i re, minori anch'essi, i fa quando sono possibilista e mi lascio andare. Ad ogni modo questo non vuol dire che non sappia produrre dei do o dei sol, anzi. È che da un po' di tempo tendo alla parte notturna e interiore degli eventi. Ma non è propriamente malinconia. È come una camminata tra i boschi. Consapevole del fatto che comunque là fuori c'è ancora il mondo abitato.

Felicità

È come se non guardassi più ai dettagli, ai particolari. Lo facevo un tempo. Quando ero immaturo. Adesso anelo alla totalità. Al più ampio spettro. All'apertura massima del solco. Dopotutto quale altro obiettivo dovrebbe porsi un uomo gettato su questo pianeta che non sia la felicità? Davvero, ditemelo voi. Ditemi se non si dovrebbe vivere puntando esclusivamente a questo. Non parlo di inseguire la felicità. Ma di farne la nostra più meritoria e duratura ragion d'essere.

Speranze e conquiste

Finché si litiga. Finché si dibatte, si discute, ci si danna, si lotta. Finché si sta nell'agone. Sul ring. Finché si urla. Ebbene, le cose possono crescere. Crescono perché ci si sporca, ci si fa male e si mette cemento, c'è uno scopo, uno scopo e una sfida. E se c'è una sfida e uno scopo, allora si può star tranquilli, niente è superfluo, anzi è il tempo delle grandi speranze e delle straordinarie conquiste. Piuttosto si deve tremare dopo. Quando si scende dal ring. Credendo sia giunto il momento più bello, noi finalmente maturi, appagati, saggi. Incapaci di vedere che è la volta buona che si è perduto tutto.

Questa lurida grotta

Io passo metà delle mie giornate compatendo i vostri figli. Me li immagino mentre vengono su tra social-idiozie, vuoto pneumatico dei linguaggi seriali rimediati fra i brusii televisivi. Condannati a tatuarsi, pagar le palestre, bere alcol, tanto alcol. Me li vedo andare nel rimpasto di tutto il brutto che gli stiamo lasciando. Nessuna generazione – in tutta la storia occidentale – è mai stata tanto debole e fiacca e fifona quanto la nostra. Io camperò nella mia modernità, nella mia contemporaneità. Che certo non è il 2016. Non è in questa lurida grotta.

Se oggi morissi

Esattamente come la nenia infantile incornicia il climax omicida nella mente dell'omicida di *Profondo Rosso*, così a volte partono canzoni che mi riportano di prepotenza a Claudio. Era il 1998, era il 1999. Se oggi morissi saprei per certo che la mia esistenza ha raggiunto il suo apice in quei due anni. I due anni in cui sono stato disperatamente, follemente innamorato. Il mondo mi invase ed io lasciai la pianura del Kansas per finire su Oz. Fu l'inferno anche. Luciferino, fiammeggiante. Vidi lacerti del mio corpo sparsi per la strada, budella rovesciate di fuori. Ad ogni modo… Ad ogni modo se oggi morissi saprei di aver vissuto la totalità universale delle emozioni l'unica volta che ho avuto un amore: tragico malato pazzo scriteriato, ma fatto d'amore. Dopo è stata di nuovo la saggia buona landa della vita: lavoro, soldi, sesso, amici, film, libri. Dopo di nuovo è stato il Kansas. E ora ditemi. Ditemi voi.

Il racconto di un'epoca

Sapete perché il vero racconto di un'epoca non si fa mai con le maiuscole dei fatti iperbolici ma con le robette di poco conto, gli apparenti e miseri cascami? Perché le cose grandi ci saranno sempre e narreranno ogni tempo possibile fin dal loro incominciamento. Recuperate i margini invece e comprenderete chi realmente eravate. Comprenderete Proust. Comprenderete Bergson. Comprenderete che siamo la sola generazione al mondo ad aver vissuto prima il futuro, poi il passato.

Angeli custodi

Alla fine del 1980 avevo otto anni e una mattina mia madre crollò sulla sedia alla notizia dell'omicidio di John Lennon. Lei che i Beatles li aveva visti all'Adriano. Per la prima volta in vita mia presi coscienza dell'impatto senza eguali che certi artisti musicali hanno sull'umanità. Elvis, Janis, Jim, Bob, Freddie, Michael, Kurt, Amy, Whitney, David, Prince. Ho sempre creduto che quando si parla di angeli custodi, sotto sotto si pensi a queste creature fuori dal comune, slegate dall'ordinario, potentissime e fragilissime, per metà votate ai paradisi artificiali, per l'altra al campo delle grandi e ferocissime lotte fatte in nome del progresso. Se oggi siamo persone migliori, se non ci siamo ancora ammazzati, se resistiamo al passaggio sopra le nostre teste dell'immenso pachiderma della Storia, il merito va a loro che son stati creatori di una bellezza da cui difficilmente riusciremo a separarci. Fermiamoci oggi a pensare a quanta ragione per vivere ci hanno dato queste persone. A quante volte ci hanno preso loro per i capelli, a quanto gli dobbiamo. Non sono i nostri padri, le nostre madri, i nostri fratelli, i nostri figli. Sono semplicemente loro. Loro. I soli veri motivi per cui invece di morire siamo ancora qui.

In mezzo a questo mondo

Oggi c'è stato un momento in cui mi sono sentito come Luca Argentero in *Saturno Contro*. Dei miei amici sapevo tutto. Quel che avrebbero detto o fatto, cosa amano, cosa no, cosa li ha cambiati, cosa li rende sempre gli stessi. Un po' come quei film memorabili che torniamo puntualmente a rivedere sapendo che non ci metteranno mai di fonte a un imprevisto, di cui conosciamo a menadito ogni fotogramma. Come giorni ampi e senza paura. Notti senza dolore, senza buio. C'è stato un momento, oggi, nel quale la cinepresa ha staccato su un'inquadratura molto larga e, dall'alto, potevo vedere finalmente ogni cosa. I miei amici e me insieme a loro. Liberi, senza complessi, senza compromessi. Solo la felicità di esserci (ri)trovati. In mezzo a questo mondo.

Ultimo tango

È pieno di morti silenziose. Spargimenti di sangue senza testimoni oculari. Assassinii che non fanno notizia, omicidi di cui non frega un accidente a nessuno. È pieno di strazi sordi e torture invisibili. Pieno di latenza, implosioni, collassi, oblii. È questa nostra vita adulta, questo nostro horror a basso costo proiettato dentro sale vuote. Ci siamo noi e il ghiaccio, noi e certe case disabitate, noi e il pronto soccorso. Ci sono queste nostre scarne solitudini che si trovano per caso, tipo *Ultimo tango a Parigi*. Relazioni suicide fra sconosciuti di passaggio, utenze disabilitate, credenziali scadute, quantità paurosamente minime di memoria cache. Binari della metropolitana, di nuovo paralleli dopo lo scambio. Di nuovo soli dopo le brutture, dopo l'inefficacia, dopo che tutte le porte si sono chiuse. Dio benedica la giovinezza e la sua corsa alla morte.

Sulla morte

Non avevo mai avuto prima d'ora un periodo di così intensa riflessione sul senso della morte. Sarà per la storia che sto scrivendo. Sarà per i fatti che avvengono attorno a me. Sarà per le cose che percepisco. Ma, ecco, sapete, vedo morte dovunque. Morte nei discorsi, morte negli sguardi, morte nelle approssimazioni quanto nelle esattezze. Morte nei ricordi. I ricordi soprattutto. Che sono effigi sopra lapidi, che sono gargolle. Vedo cimiteri, c'è vento nei cimiteri. Vedo quanto di me giace da tempo in quelle fosse. Prima non volevo accettarlo, non mi ci rassegnavo. Adesso invece è come se mi stessi arrendendo. Per brevi attimi, infinitesimali, decisivi. A ciò che è già sepolto. A ciò che lo sarà.

A caso

Capisco sempre meno l'umanità che mi sta intorno. Ogni volta che mi illudo di possedere strumenti sufficienti per interpretarne e prevederne i comportamenti, con sinistra puntualità vengo disatteso. Come non fossi perfettamente in grado di stabilire quanto grandi siano le croci sopra le altrui schiene. Come se mi pensassi un ottimo rimedio per l'altrui via crucis. Come mi fossi convinto, chissà in quale momento della mia vita, che sarei stato una fenomenale giacca a vento per proteggere gli altri dalle loro bufere. Invece non sono niente. Sono una talpa. Un pipistrello cieco. Vado a caso. E non so se esista qualcosa di più inquietante nella vita del dover andare a caso.

Unione

Nel tempo delle divisioni incoercibili, dei fili spinati e delle triple barriere messe lì a rattoppar la nostra geografia più prossima come punti di sutura cuciti da un macellaio miope. Nel tempo della massima sordità reciproca. Nel tempo in cui rivomitiamo noi stessi dopo esserci cucinati e mangiati. Nel tempo delle nostre solitudini crude ed estreme. Degli isolamenti ottusi e tragicamente rinfrancanti. Nel tempo della massima incomunicabilità, al punto che a confronto Antonioni sembra un pivello. Nel tempo delle morti silenti e delle sparatorie piene di imbarazzo. Nel Far West della disunità. Nel festival delle discrepanze e delle voragini semantiche. Nel tempo del Non. Eccola qua. La parola nata male, la parola vecchia e stantia per eccellenza: unione.

Dalle molte domande

Se mi chiedessero a bruciapelo a quale istante della mia vita passata vorrei tornare, non avrei dubbi. Un sabato pomeriggio del 1978, ho sei anni e mi trovo coi miei in un cinema per una proiezione di 2001: *Odissea Nello Spazio* (credo sia per il decennale). Vedo i miei che sono così giovani, e il film non lo capisco granché ma mi sta segnando indelebilmente. Ho questa percezione netta e precisa di uno scricchiolio vicino. E la sensazione che sarò uno dalle molte domande. Quando sarò diventato grande. Quando sarò diventato un uomo.

Fame

Una totale assenza di poesia. Ecco ciò che più mi sco-
raggia dello stare a questo mondo. L'incapacità da parte
dei più ad essere poesia, questa fin troppo generalizzata
inabilità al silenzio, alle cose in controluce,
all'introspezione e all'introiezione. Non ci hanno insegnato a leggerci dentro, non ci hanno insegnato nessuna
ermeneutica di noi stessi. Per questo poi mangiamo e
vomitiamo. Per questo restiamo con la fame. Per questo.

Leggerezza

Dov'è finita la leggerezza? Dove sono finite le risate, e stronzate? Dove siete finiti viaggi disperati incontro all'estate? Dove sono morte tutte le notti e le albe, fare l'amore sulla sabbia con gli schizzi delle onde, vedere il sole e poi andare a dormire? Dove sono tutti quei discorsi, i vaffanculo gridati, le strade e i negozi, le promesse, i litigi? Dove sono quelle canzoni, l'unità, le pupille limpide, le creme solari, i panini col tonno, il torcicollo, il sale e poi la doccia, qualcosa di bianco? Dov'è l'ombra che trema in una pineta, tu esuberante, io perduto e vivo?

Comparse

Quando ero più giovane e disubbidiente osavo parlare, azzardavo mosse, nonostante fossero maldestre e compromettenti. Già, scalpitavo, facevo sentire la mia voce. E così la mia vita era un susseguirsi di alti e bassi, un insieme di trionfi e paurosi scivoloni. Mi sono fatto male, tanto. Ma ho anche goduto. Oh, se ho goduto. Poi, non so di preciso quando, il silenzio, i protocolli, le buone maniere mi hanno anestetizzato, addomesticato, ammansito, fino a rendermi muto, fino a mettermi in un angolo. A guardare.

Mi dicevo: be', è perché ora sono adulto, finalmente non devo più chiedere niente a nessuno, se la vita mi vorrà sarà la vita a venire da me. Ma mi sbagliavo. La vita non si muove se non per conto suo, fa il suo film e se non conservi un briciolo di intraprendenza di quel film diventerai a poco a poco una fugace, trascurabilissima comparsa.

Allora a che è servito? Crescere. A cosa serve se poi il risultato è sparire nel nulla, non esistere più? Non ho forse guadagnato di più battagliando e strillando? Non ho forse vissuto, gioito, pianto, riso, molto ma molto di più quando ho cercato di imporre il mio essere? Fallivo, certo, ma almeno gli altri si accorgevano di me. Vincevo anche e dio solo sa l'estasi che si prova nel piantare una bandiera, nel dire: questo posto è mio, l'ho conquistato io. Bisogna fare domande, ribellarsi, opporsi. A costo di morire. Altrimenti si finisce dietro il sipario, si finisce dietro la vita. E, si sa, se non la chiami a squarciagola, la vita farà benissimo a meno di te.

Nostalgici

I nostalgici. È così elegantemente primonovecentesco l'atteggiamento nostalgico, certo. Auspicare un recupero dei più elementari e perduti valori etici. Ma la gente, le persone, hanno capacità anche più ampie del mero storicizzarsi attraverso internet. Solo che poi nella maggior parte dei casi in pochissimi sanno davvero elaborare, materializzare, capitalizzare, generare, produrre, fare, dare alla luce. La gente crepa avvolta nella paura perché non è in grado di girare gli occhi verso l'interno, verso se stessa. Cosa piacerebbe a me? Che molte persone imparassero di più a leggere il gran libro che esse stesse intimamente sono. Il resto è puro vittimismo, reiterate banalità, muri sporchi che tutti vedono. E molto bene anche.

Ossigeno

Il mio punto di vista è questo. Non è che la gente non sappia leggere. Conosco gente che legge e anche parecchio. E non è neppure che non abbia un gusto proprio. Avrei un mucchio di esempi a testimoniare una grande eleganza di pensiero. E di eloquio. Il problema è che c'è tutta una bragia dell'informe e del cafone. Che avanza verso di noi senza che ci si riesca mai davvero a proteggere del tutto. E non esistono vaccini, né impermeabili che non siano l'autoemarginazione o un provvidenziale e dannunziano buen retiro, un'oasi minuta ma placida. In fondo la gente lavora e pensa e parla e piange e sanguina e muore. E non le resta tempo per il poetico. Ossia per la sola bombola d'aria possibile mentre si annaspa in questo fango.

Risvegli

Mi sveglio durante la notte. Ormai, occhio e croce, sulle quindici volte almeno. È terrificante svegliarsi nel cuore della notte, è mostruoso, disumano, e non ci fai l'abitudine. È come intuire la morte da molto vicino. È sentirsi soli al mondo. Io dormo senza nessuno al mio fianco. Ed è giusto per questo che ancora resisto. Ma spesso mi domando come facciano quelli che per riuscire a dormire devono essere in due.

Giostre

Si conoscono persone, si allacciano legami, relazioni, rapporti che sembrano ineludibili, invincibili, fatti apposta per durare un'eternità. È un bambinesco entusiasmo, sono le caramelle golose sullo scaffale più alto. Se ci capitano fra le mani poi ne gustiamo, avidi e voraci. Perché per vivere bisogna essere affamati. La sazietà è una conseguenza invisibile, la nausea poi. Si perdono persone come spiccioli sopra il nastro scorrevole. Gente che un bel giorno scade e prontamente rimpiazziamo con altra più fresca, magari han riformulato la ricetta. Tutti sulla giostra, avanti, oggi a me e domani a te. Si cambia pelle come quei rettili, ieri avevamo un mucchio di cose da dirci, oggi rulliamo la cartuccia e cambiamo il nome. Si conoscono persone che poi si fuggono. In cerca d'altro. Sempre a cercare altro. Stazioni, poi binari, poi navigatori satellitari, fermi, inchiodati ai tabelloni, partenze e arrivi e poi partenze. Che grande fantastico imbroglio.

Trincee

Ciascuno fabbrica il proprio reticolato, la propria trincea, il proprio guscio, la propria linotipia. E lo fa col gramo vocabolario di cui dispone, servendosi delle misere seppur fondamentali verità che ha via via incamerato, conscio solo in parte dei materiali che ha scelto, dei lemmi che giorno dopo giorno ha perso mentre era intento a costruire il proprio bunker. Già, perché ciascuno edifica bunker, piccoli orci nei quali raggomitolarsi e finalmente dormire. Ignorando il vento e le grandi mutazioni che pur seguitano ad avvenire fuori dalla nostra orizzontalità sterminata. Ma appunto ciascuno si arrabatta come può pur di non affondare nella melma che gli ribolle sotto i piedi. Ciascuno ha pochi spuntoni nella propria bisaccia, molti dei quali sono già stati lanciati a vuoto e la dotazione ha una scadenza. Ciascuno lavora ad arredare la propria cella, non sa cos'altro fare, non può osare di più. Ciascuno riempie il proprio cruciverba come meglio gli riesce, e poi, nel buio dello sconforto, spesso si affaccia alla prima bocca di lupo che avvista.

Isolamento

Ci si isola. Ci si isola per la nausea che ci assale alla gola. Ci si isola perché non si sopportano più le frasi preconfezionate degli altri. Perché gli altri non sanno più come fare a rapportarsi a noi. Non c'è dell'anacronistico superomismo in questo. C'è solo la cortina di plastica trasparente che ci separa e smembra. Ci si isola quando non si è più capaci di tollerare la sfida, la compassione, la solidarietà ingenua e superflua, propria e altrui. Ci si isola perché ogni cosa sembra così intrisa di banalità, di fiacco autocompiacimento, mollezza. Ci si isola perché non ci si sente capiti. O, peggio, perché si viene fraintesi. Il fraintendimento è il portato, il carcame di questo tempo barbugliante. Ed è per questo che ci si isola. Perché alla fine si sono esaurite tutte le alternative.

Giovinezza

A quarantatre anni sento di aver vissuto tutta la mia vita cercando di comprendere la giovinezza. E adesso so che la giovinezza, pur con la sua profonda drammaticità, è il solo grande aspetto magnifico dell'esistenza umana. Lo splendore nell'erba. Così la cantò William Wordsworth. Così la cantano tutti i poeti. Scoprire e sorprendersi. Ed è paradossale. Perché scoprendo soffriamo. Ma diveniamo infelici solo quando abbiamo imparato. Così ci sono due tipi di infelicità: la dolorosa infelicità del crescere, costellata di lutti e splendori. E l'infelicità del dopo. Cosparsa di rassegnata e mortifera accettazione.

Autosservazione

Se ciascuno di noi osservasse con una certa attenzione i propri comportamenti, le proprie coazioni a ripetere, le proprie reazioni in base alle diverse circostanze, a poco a poco riuscirebbe a conoscersi, a comprendersi, sia nell'indole che nel temperamento. Intuirebbe i reali motivi che ci spingono a fare una cosa anziché un'altra. E arriverebbe addirittura a non aver più bisogno di drogarsi, o alcolizzarsi, o essere compulsivo e feticista. Smetterebbe di imbottirsi di idiozie e pasticche. Di ritornelli vecchi come il cucco. La finirebbe di cercare sempre le scuse più assure. E farebbe di tutto pur di placare la propria sofferenza. Perché è lecito, è sacrosanto non voler soffrire. Se non fosse tuttavia che l'uomo vive per davvero e fino in fondo una sola grande sventura. Quella di rincorrere perdutamente ciò che non ha.

Felicità

Esistono milioni di frasi e detti sul raggiungimento della felicità. Su come conquistarla e conservarla. Ma la verità è un'altra. Molto ma molto più triste. La felicità non esiste. Esiste solo la fortuna. Da oggi cancello la parola felicità dal vocabolario. E la sostituisco con la parola fortuna. Non foss'altro per giustizia semantica.

Lardo

Sono stanco dei discorsi che non portano da nessuna parte, delle chiacchiere che stanno a zero, della tramoggia dei luoghi comuni, degli stereotipi, delle parole preconfezionate, degli hashtag, dei costrutti alla moda. Datemi qualcosa di crudo, di spoglio, non lo voglio questo lardo, mi intossica col suo untume, non lo digerisco più. Sono esausto, sono stanco, saturo di tutta questa immondizia che mi circonda. Vorrei una gomma da cancellare grande quanto una casa. E togliermi di dosso il liquame.

Specchio interiore

Spesso mi rimiro in un cortiletto schiuso: una panca di ferro battuto, la fontanella col muschio tutt'attorno che non dà acqua da anni, quel tubo di gomma torto su se stesso, in disuso a un angolo e il cedro scarnato tra una rovina di foglie, due cicale spossate in un bianco e nero che cresce ed indulge, ed è un po' come questo mio corpo stanco, il cigolio che fa un gatto ora che spiove e la sera mi saluta da lontano.

High hopes

Gli anni in cui ci siamo ribellati e abbiamo sbattuto le porte. In cui abbiamo detto "no" a nostro padre, a nostra madre, ai nostri professori, al potere costituito, alla polizia. Gli anni in cui abbiamo creduto in qualcosa. Qualcosa di così grande e totale da sembrarci il futuro.

Happiness

Se solo non sentissi lo scorrere del tempo attraverso o-
gni fibra del mio corpo, ogni muscolo, ogni nervo, ogni
ganglio. Se solo non avessi stupidamente pensato che
certe cose sarebbero rimaste le stesse giorno dopo giorno. Identiche e inalterate. Invece, malgrado i miei tenta-
tivi titanici di contrastare la forza di gravità, le cose sono
cambiate comunque. Ogni tanto riguardo con tenerezza
agli anni in cui facevo amicizia con certe emozioni, certi
tumulti. Cadevo e imparavo. Urlavo e imparavo. Ferve-
vo e imparavo. Ed ora so. Che è questa la più grande di-
sgrazia che accade all'uomo. L'uomo impara. Come can-
tava Alanis Morissette nella sua epica *You Learn*. Egli
sanguina e impara. Si strugge e impara. E dopo? Be', ecco, dopo invecchia. E allora ogni tanto mi chiedo, fermo sui giorni in cui ero felice come non lo sarei stato
mai più, a cosa è servito? La tragedia dell'uomo è tutta
qui. Se è felice muore, se impara muore.

John Legend

Sarà che ho John Legend nelle cuffie, e a me John Legend mette sempre quel senso di Natale metropolitano, newyorkese, sapete, vetrine che scintillano, Park Avenue. Sarà che i cambiamenti chiamano i cambiamenti. O che sono, al solito, troppo sfasato e fuori orario, più spesso in anticipo che non in ritardo. L'appuntamento alle 13,30, ma anche oggi ho calcolato male. Fortuna che Trastevere ha quel suo modo lì. E allora mi metto comodo a pensare. A quante volte mi sbaglio, per esempio. Alla tenerezza che mi manca. A come sono prevenuto. A come correvo verso la schiuma delle onde. E non avevo mai paura.

Indifferenza

A volte ragiono sull'indifferenza degli adulti. Se da ragazzini perdevamo un amico o ne subivamo un tradimento, soffrivamo e tanto anche. Crescendo le cose che ci accadono, e intendo soprattutto le più spiacevoli, ossia gli abbandoni, i lutti, le separazioni, ci fanno soffrire, certo, ma meno, senza dubbio non come allora. Siamo ormai vaccinati (così si dice), e talvolta, ahimè, apatici. E quindi succede che niente improvvisamente sia più indispensabile. Un amico, un fratello, l'amante. Ad avere o meno una cosa si è fatta l'abitudine. Si resta in piedi ugualmente. Con o senza. Ed in fondo è questo che è atroce, questa indifferenza.

Istrice

Io non sono stato mai amato. Non parlo di amore genitoriale, non parlo di affetto animale o amicale. Non parlo neppure di amore fisico o di passione artistica. No. Io parlo di amore erotico. Sì, quello. Esatto, quello codificato da Roland Barthes. Quello. Nessuno mi ha amato. Mai. Poi ieri discutevo con un amico. Sul fatto che dietro questa faccia, dietro questo corpo, ci sia un istrice. Allora dopo, mentre mi facevo la doccia, ho pensato a come si fa ad avvicinarli. Gli istrici, dico. Di me non si può essere mai innamorato nessuno perché ho gli aculei. Okay, ricevuto. Gli aculei vengono mezzo metro prima di me, prima dei miei sentimenti. Un istrice dorme solo e non vuole nessuno accanto. Tutte le volte che un uomo ha voluto dormire con me, io non mi sono quasi mai addormentato. E non sopporto di sentire qualcuno che respira al mio fianco, di notte. Io prima non lo sapevo di essere questo animale. Ma poi ho controllato sulla mia agenda e ho ricordato che tra una settimana esatta compio quarantatre anni. Forse avrei dovuto segare gli spuntoni tanto tempo fa. Ma la paura deve aver preso il sopravvento. E, un po' alla volta, ecco, insomma… credo abbia finito col blindarmi. All'intimità. Alla tenerezza. Alle carezze del mondo.

Fede

Sono un uomo che ha gradualmente perso la fede. Io non so se Dio esista o meno. Ma amo Gesù. E credo alle sue parole. Lo sento alto su di me. Solo che prima mi rivolgevo a lui molto più adesso. Ci sono giorni in cui nutro un profondo e insopprimibile disprezzo verso l'umanità, verso il creato che, seppur sublime, è così imperfetto, e altri in cui un senso di lieve, lievissima compassione si fa strada in me, e allora, quando questo succede, quasi non provo più niente. Né bontà, né cattiveria. Ciò che provo è una pressoché totale assenza di emozioni. Come se la gioia non potesse granché contro la brutalità. Come se percepissi nitidamente il male che è in tutte le cose. Come se il bene si fosse spento, come se l'oscurità fosse nella gente, nei suoi discorsi, nel suo mormorio.

L'amore di un cane

L'amore di un cane fa rumore, strema a volte. Ma l'amore deve far rumore, deve stremare. Altrimenti è indifferenza. È puro silenzio incolore. Ovatta. Come tra le persone.

Lato B

La mia cognizione del tempo è cambiata. Vivevo nella grande dismisura. Nella grande dilatazione. Poi i giorni hanno iniziato progressivamente ad assottigliarsi, a rimpicciolirsi. Suppongo si tratti di un fenomeno psichico collegato all'aumentare dell'età. Forse è anche per questo che i vecchi dormono poco. A volte sento una spinta profonda. Giunge da un mio recesso complicato. Mi vedo a fare i bagagli, prepararmi alla partenza, raccogliere pezzi per poi lasciarmi alle spalle questo lato del disco. Scoprire come sarà il lato b. Perché dopotutto il lato b è il lato alternativo, quello che contraddice, il ribelle, lo sperimentale. Quello che in pochi ricordano. O forse no. Avevo *Woman in love*. E adoravo quel brano. Finché un giorno non mi feci coraggio e girai il vinile e scoprii *Run wild*. E, be', fu lì che finalmente capii.

Bimodalità

Spesso, durante la mia vita, mi sono accorto di funzionare in due modi. Sempre. Al punto da domandarmi se valga anche per gli altri. Se sia così anche per voi oppure no. Parlo di quell'animarsi scomposto mentre si è in preda all'eccitamento, di quella tensione esplorativa, della continua schiusa al mondo di fuori, alle persone, alle loro corporeità. Parlo di quel voler legarsi ad esse in una febbre di empatia e complicità ed esuberanze modeste ma enormemente vitali. E dopo, nella risoluzione liquida dell'impatto, dello scivolare. Quel cadere di foglie goffo e imbarazzante, quel tramontare, morire. Vorrei consolarmi credendo che sia questo il lurido male del nostro presente. Non per forza solo il mio. Incendiarsi per un giorno e il giorno dopo star lì come grandi piazze deserte spazzolate dal camion della nettezza urbana. Ripuliti e soli.

Magnitudo

Vivendo ho imparato una cosa. I nostri migliori amici si dividono in due famiglie. Gli amici di lungo corso, i quali sanno ormai tutto di noi, anticipano ogni nostra mossa e avvertono anche a distanza i nostri mutamenti d'umore. E gli amici d'occasione. Forse momentanei, forse brevi come certe scosse, certi lampi. Ma così forti e potenti che poi a perderli avverti la terribilità di uno squarcio.

Lo zoo di Berlino

Christiane F. fu per me, che lo vidi da ragazzino, il rovescio perfetto del *Tempo delle mele*, una specie di lato oscuro ed estremo di quella che consideravo una generazione presa nel mezzo. Da un lato un certo onanismo eidetico e favolistico tipico di pellicole come *Blue Lagoon* o *Paradise*, dall'altro la chiaroveggenza a tratti zombiesca di una deriva drammaticamente tratteggiata. L'epopea della deiezione grunge si raccoglie, *in nuce*, tutta qui, dall'altra parte del Muro. E, con David Bowie, danza sull'abisso. Una catabasi talmente profonda da tenerti a galla sul pelo della tenerezza. Restai così turbato dalla visione di questo film che decisi che mi sarei drogato anche io. Nella mia mente stringevo il laccio coi denti e infilavo l'ago. Avrei avuto il mio zoo, il mio rifugio suburbano, la mia ganga smidollata e becera. Ma ero uno smidollato. Un pavido "rebel without a cause", una miniatura goffa di James Dean. E difatti alla fine non mi sono intossicato mai. Mai un tiro di erba, mai una pasticca, mai nemmeno una sbronza. Ho avuto il mio rehab in compenso. Mentale. Interminabile.

Misericordia

Apro gli occhi su un pensiero. Il pensiero è che mi odio quando faccio così. Incontro qualcuno. Lo ascolto mentre si racconta, mi ascolta mentre mi racconto. E poi mi spingo oltre e mi spingo oltre perché in definitiva ci sto veramente bene. E ci sto veramente bene perché stavo per perdermi e quando invece mi sono ritrovato era troppo tardi e avevo già perso un sacco di pezzi e volevo ridisegnare tutto quanto da capo. Gli parlo attaccato alla spalla, fitto e veloce e scoordinato e sbandato, e poi balbetto e arranco e inciampo e mi arrabbio e poi non lo so nemmeno io. So che vorrei che lui sentisse lo stesso, che mi stringesse, baciasse, invece no. Perché io sono un talebano, lui una persona, io sono irrequieto, lui sublima. Direzioni opposte che si incrociano per ragioni poco chiare. Ma siccome si sono incrociate allora divento arrogante e tronfio. E dopo è quella stanza grigia, la stanza delle decisioni. Che sono inutili come la panna sulla pasta. Sono un saltimbanco che fa la ruota, la capriola, uno che agli uomini stringe spesso il cazzo e rare volte la mano, e si dimentica di un sacco d'altre cose. Bisognerebbe implorare misericordia. E non perché sono misero o da compatire. Ma perché so di poter essere anche meglio di così. So di poter essere un uomo. Come te.

L'estate profonda

Al centro profondo dell'estate, *I and I* di Bob Dylan sul giradischi, mi riscoprivo laconico e incapace. Di esprimermi, di crescere. Entrò un pipistrello in casa e un geco risalì l'angolo tra due pareti. Mia madre smise di mangiare. Me ne stavo chino sui pastelli fino a quando un pomeriggio lui disse: giochiamo a mosca cieca, chi di noi perde farà penitenza. C'era come un giallo granuloso nell'aria, grandi palle di fuoco nel cielo, e io barcollavo in bilico tra la fame e la pubertà con un calzino arrotolato sugli occhi. Lo vedevo da sotto, le sue enormi scarpe da ginnastica a pochi centimetri di me. Aveva le forbicine per le unghie e mi pungeva mentre io mi votavo alla sconfitta. Nelle fiamme di agosto. Hai perso e adesso sarai torturato a dovere, disse. Guardavo il soffitto opposto a me e in quel bianco smarginavano le ultime chiazze della nostra vergogna. Seppi solo secoli dopo. Che io sono nato Basini. E che avrei cercato per tutta la vita i miei carcerieri, Beineberg e Reiting. Il mio Törless. La mia frustata sulle chiappe. Piegato a dovere con la faccia sul pavimento, la corda al collo, la polvere.

Dèi

Ognuno di noi marcia avvinghiato ai propri demoni. Ci illudiamo di volerli sconfiggere, abbattere. Invece seguitiamo a ospitarli, accudirli, a costruire templi deputati al loro culto. Perché sono le mostruosità a restarci incollate ai piedi, il limo a darci il senso e la misura di noi. Che ci piaccia oppure no, supplichiamo Dio affinché questo brago sia perpetuo, anzi gonfi. Fino a sommergerci. Amiamo le manette che ci hanno messo ai polsi, il cerchio di ferro al collo, la palla d'acciaio alla caviglia. Invochiamo la libertà ma se per errore ci viene concessa finiamo col costruire nuove prigioni, nuove celle, nuovi demoni, nuovi dèi.

Crossroads

Le cicale di Villa Borghese ci stordivano. Però non ci siamo fermati. Mai. Così ti ho detto che sono giunto da solo a questo bivio. Da un lato la necessità che sempre più si fa strada in me di trovare qualcuno con cui pian piano addomesticarmi, dall'altro le mie briglie sciolte, il mio seguitare a pisciare dove voglio e quando voglio, il mio piantar bandiere su tutte le lune che il mio radar per caso intercetta, la mia bulimia. Ti ho detto che amo stare sul mio palco e che voglio essere ammirato da tutti. Che nessuno si deve avvicinare troppo, a meno che non siate voi, i miei prediletti. Che il mio show, gratta gratta, è solo per te e quelli come te.

E tu forse, nell'ascoltarmi, tra quelle cicale furiose, devi aver afferrato una volta per tutte questo pezzetto di me così fondamentale. Le femmine un tale cameratismo non lo potranno mai capire. Questo almeno dovresti riconoscermelo. In ogni modo sono tornato a casa che mi sentivo finalmente vuoto nella testa e come aggiustato. Sei un po' il mio meccanico. Da sempre. Sostituisci le pasticche dei miei freni e mi lasci correre. Fino a che poi sono sfiatato e allora, se dio vuole, posso dormirci sopra.

Un vecchio con gli occhiali

Un vecchio con gli occhiali pedala per questa via dove ormai non passa nessuno. In piedi sul selciato ci siamo solo io e un altro come me. La barba entrambi, i capelli scuri, le camicette a quadri, pochi anni di differenza. Il vecchio con gli occhiali pedala piano e silenzioso, ché lui l'inferno lo ha scampato per un pelo e adesso si gode l'imbrunire, punta dritto e non ci fila. E dopo che è passato, a parte me e il tipo come me e le ultime cicale, non resta altro. Un grigio comune acquattato fra le antenne, queste ore livide che sgretolano la sera in una frenata lenta e sgraziata, i giorni che verranno. Gli anfratti, le buche, le trincee.

Confidenza

La conquista della confidenza richiede spazio e durata, necessita di abbrivi, tanti, e di mete. Di una ricerca che viaggi come l'uncinetto tra molti fili di cotone. Di un impasto. Che approdi alla massa, che chiuda le falle. Di uno stucco buono e solido. Che tappi i fori bui che si aprono nei nostri muri come ferite. Cosa pensate che accada altrimenti? Assolutamente niente. Ascisse senza ordinate, polvere verbale che non ci porta da nessuna parte. Serve sudare, serve fare a pugni, prendersi a parolacce. Serve scopare. Ma non come pensate voi. Serve scoparsi più profondamente. Senza farsi male. Mettendo in piedi una casa dove abitare. La conquista della confidenza ha bisogno di risate e di pianto, ha urgenza di vita vissuta. Di un mucchio enorme di ricordi. Sennò è ciarpame, balle, folclore.

Back home

La luce del sole attraversa i cancelli di Villa Paganini e si fionda sull'erba a squadrature larghe e recise. Ed ecco, come vedi di buono alla fine c'è questo. La Nomentana che tira verso casa come una lama che non ti lacererà, sono i percorsi che ti sei sudato, Sade nelle cuffie, l'immaturità di questi pomeriggi di fine estate. Che sembra non se li fili nessuno. E invece di buono c'è questa brezza che sa come tornare. Il tuo ritrovare la strada, un mazzo di chiavi, la doccia, il cane, il divano. Come fai a sentirti solo. Con questo sole, dico. Come fai a non sorridere. Non lo capisci che di buono alla fine c'è questo?

Che tu forse non sai come partire ma sai sempre come tornare. Alla sera. Nel traffico che pian piano ricomincia. Nel vento fresco e umido che soffia dallo spazio aperto e coraggioso. Nelle innumerevoli cose che ancora farai. In questo sei il numero uno. In questo non ti batteranno. Mai.

Weltanschauung

Molti miei contatti trovano disarmanti certe mie affermazioni, una certa mia *weltanschauung*, le evoluzioni stesse dei miei processi mentali. Sei irritante, mi dicono. Rispondo: nella mia vita ho operato una scelta. Essere libero di esprimere le mie idee, senza bavagli, nella piena e selvaggia anarchia del mio pensare. Le parole esistono per essere pronunciate. La gente che mi imputa un'autoreferenzialità tracimante in realtà non sa né leggermi, né interpretarmi. Chi mi apprezza va oltre la mia persona fisica, supera i confini corporei per sposare la mia riflessione esistenziale. Solo chi mi sa leggere veramente comprende che trascendo sempre il mio privato e parlo delle cose universali. Da sempre. Limpide o lerce che siano. Per me non c'è differenza tra un panegirico sul sesso orale e una proposizione sulla morte. Purché si usino le parole giuste. E non mi importa che le persone ci rimangano male. Io quando scrivo non mi preoccupo di chi rimane o di chi se ne va. Uno scrittore ha un compito da assolvere. Cercare la verità. A costo di perdere tutto. Altrimenti è bar. E a me invece interessano i pozzi. I pozzi bui dell'umanità. Piace? Non piace? E c'è forse un motivo per cui una persona che ha scelto di scrivere dovrebbe sopportare questo dilemma?

Ghosts

Sfrecciano sotto i nostri piedi questi lunghi convogli paralleli. E noi, come il giovane Sam in *Ghost*, abbiamo imparato a infilarli cambiando direzione all'improvviso, giorno dopo giorno, anno dopo anno, vita dopo vita. Tarzan con le liane. Anzi no, il fantasma di Sam. Che apprende come attraversare le superfici e spostare gli oggetti. Eccoci qui. In questa giungla di opposti passaggi, opposte corse, binari incrociati. La destinazione di ieri oggi è una fermata anonima in mezzo al deserto. E dunque, via, verso una nuova stazione. Timbriamo biglietti alla velocità della luce e sempre freneticamente ci ubriachiamo nella simultaneità dei ricambi continui e gorgoglianti. Perché a star fermi in un posto moriamo. Perché a star zitti moriamo. A non poter consumare moriamo. Pipistrelli. Vampiri. Zombie.

Settembre

Amo settembre. Così umile e onesto. Così arrendevole e complesso. Così nudo in fondo e vero. Non ti chiede altro che di scrollare le spalle. Gli alberi lo stanno già facendo, guarda. Scrollano dai rami quelle scintille tracotanti, definitivamente inclini al sonno. Amo la tua faccia quando curva in basso e si fruga le scarpe. Quest'odore di vizzo. Di vinto. Amo la tregua, la perdita delle vecchie inutili forme. Amo quando deponi le armi e attorno a noi si spengono le torce. Quando non possiamo fare altro che tornarcene a casa, malgrado la casa ci sembri il guscio di qualcuno che non sono più io, che non sei più tu.

La partita

Bisogna trovare alle volte il coraggio di ricredersi. Tornare sui propri passi. Suonare al campanello. Sconveniente, è vero. È solo che quando si va via è più facile. Ma dentro lo senti. Lo avverti che la partita non si è ancora conclusa. Che gli altri hanno continuato comunque a giocare. Anche senza di te. E che stanno bene, pure se ti eri suicidato credendo che anche loro si sarebbero fermati. Invece no. E allora va bene tirare le tende. Va bene far finta di niente. Ingozzarsi e poi correre alla toilette a rimettere. In realtà dovevi restare. Non ce la facevi, okay, lo abbiamo capito. Eri smembrato come una volpe investita sul ciglio del bosco. Ma ora ti sei leccato le ferite abbastanza. Ti abbiamo riaperto, e sì che era sprangato. Adesso sta a te. O salti su dalla panchina e torni in campo a giocare con noi, oppure... Oppure vaffanculo.

Vita

Sgomitola a mucchi di foglie gialle giù per i viali leggeri e aperti, il mio autobus puntuale ma svogliato. Mi sembra così disperatamente il 1986, io e Luigi per le vie grigie del dopopranzo domenicale, echi di partite lontane nelle cronache alla radio. I nostri miseri tredici e quindici anni, i muri sporchi di Via Val Melaina, i progetti per il futuro, quel Ponte delle Valli che poi ci facemmo a piedi, tutto, quasi a sfidare la grande tempesta di settembre. Inseparabili. Sempre. Fin lì. Poi ci separammo. Colpa della vita, pensai. La vita. Che ti separa di continuo. Da quello che amavi, da quello che eri. Ti porta via con sé, ti fa essere altro, amare altro. E solo quando sei diventato vecchio abbastanza puoi capire. Che la vita ti fa riempire la vita di un sacco di altre vite, persone, linguaggi, posti, cose che ti esplodono addosso e all'istante dimentichi. E ti leva di colpo le sole piccolezze che davvero hanno contato per te. E le ferite profonde. I solchi. Tutti quei maledetti e bellissimi lupi rintanati nel buio.

Amici

A quindici anni si piange insieme, si ruba insieme, si fuma insieme, ci si sballa insieme, si fa a botte e poi si fa pace (anche dopo esser stati con la stessa ragazza, con lo stesso ragazzo), si fa sega insieme, si ride fino a morire.

A vent'anni si va in macchina insieme, si battono tutte le discoteche fuori città, si va al mare, si dorme insieme, si viaggia insieme, si piange insieme, si studia insieme, si va ai concerti insieme, si sogna il domani insieme.

A trent'anni si litiga, ci si fa del male, ci si perde, poi ci si ritrova, si pianifica, si fa il punto, si va avanti, ci si interroga, ci si aiuta (spesso anche economicamente), ci si offre il divano finché non si trova di meglio.

A quarant'anni ci si studia, ci si misura, ci si annusa, in silenzio e apatici, con spocchia, severità, per capire chi è il più forte, chi il più debole, chi ha raggiunto il potere, chi sta sfiorando la merda.

Silenzio

Tutto si può accettare da chi vuole entrare in contatto con noi. Tutto, eccetto una cosa. Il suo giudizio sulla nostra persona. Nessuno a questo mondo può arrogarsi il diritto di dirci se ciò che siamo sia giusto oppure sbagliato. Una simile cosa è ammissibile (e anche qui con opportuno distacco) solo se sottoponiamo al prossimo il nostro operato, le nostre scelte, il nostro modo di essere. Altrimenti bisogna imparare a tacere. A stare zitti. Un mondo di silenti, direte voi. Ebbene, sissignori. Un mondo di silenti.

La percezione della morte

L'ho già detto, ho questa percezione fortissima della morte. Non è semplice da spiegare. Diciamo qualcosa che aumenta col passare degli anni. La sensazione di dover fare tutto e di doverlo fare nel più breve tempo possibile. L'impressione che potrei benissimo non riuscirci. È più di una paranoia. È vivere costantemente col fetore dell'aldilà sotto il naso. Un aldilà che certo non concilia. Ma urla e minaccia. Giorno per giorno. Dover esistere con la certezza che a un certo punto la pila si sarà scaricata. Come può non renderci le creature più irrequiete del mondo? No, sul serio, quale condizione è altrettanto insopportabile?

Children

Credo che si possa insegnare tutto a un figlio. Indirizzarlo verso il buono e il ben fatto, la lealtà e l'onestà. Dargli gli strumenti necessari per affrontare le traversie, sdrammatizzare le sconfitte, superare le perdite. E poi basta. Quando un figlio si autodistrugge, un padre e una madre cercano sempre delle risposte nella loro propria condotta. Ma è ingiusto. Perché alla fine non sono stati certo loro a sprecare tutto.

Il contrario di ieri

Oggi è il contrario di ieri. Cielo largo, aria orizzontale, luce. Tanta. Ossigeno. Mi piace andare a Trastevere, nonostante Roma cada, mangiare arabo con Mattia. Mi piace Ponte Fabricio, quel disegno caotico dei platani che crolla sul fiume verde in ombre profonde. Respiro. E certe volte respiro come non avessi mai respirato prima in vita mia. E smetto di sentirmi al crepuscolo ma di nuovo giovane, forte, vivo. Malgrado l'agonia sociale, malgrado questa grande infelicità collettiva. Mi basterà la solita scodella di riso, dopo fare l'amore con qualcuno che nemmeno conosco, rientrare nel rosa che scoppia.

Between

Tra i Duran e gli Spandau, gli A-ha perché *Cry wolf* esplodeva dai diffusori fino a coprire il dolore sparso in casa e perché da grande volevo vivere sui Fiordi. Tra i Beatles e i Rolling Stones, i Who perché facevano i suoni del futuro e io decisi che ero Tommy. Tra i Genesis e i Pink Floyd, i Dire Straits perché *Money for nothing* scrostava già da sola l'intonaco dal Muro di Berlino. Tra i R.E.M. e i Guns, gli U2 perché ci si poteva ballare sopra e il remix di *Lemon* avrebbe spinto chiunque a un'esperienza omoerotica in anni ancora imperfetti. Tra gli Oasis e i Blur, i Verve perché se ascolti bene *Bittersweet symphony* capisci che dentro c'era già tutta la tragedia magnifica della storia di dopo, le Torri Gemelle, la grande crisi occidentale, lo spaventoso tracollo della nostra civiltà.

La società perduta

Una giurisprudenza che con consapevolezza attribuisca pieni diritti civili alle sole persone eterosessuali è una giurisprudenza iniqua e retriva, bieca e discriminatoria, in quanto di fatto promuove il malanimo intrinseco ai separatismi e alle differenziazioni emotive, psicologiche, affettive delle singole persone.

Obbliga al cieco rispetto e all'ottemperanza burocratica, ma non concede a sua volta riconoscimenti legislativi. Non gratifica ma sfalda. Non schiarisce ma ottenebra. Non conduce all'evoluzione intellettuale e spirituale, ma ingabbia, perlopiù nel nome di Dio, la natura umana, assegnandole, a seconda delle sue inclinazioni erotiche, un valore etico di volta in volta diverso.

Una società dove un uomo non solo non può crescere un figlio col proprio compagno, tantomeno può occuparsi di quest'ultimo se è degente a causa di un intervento al cuore, è una società che ha irrimediabilmente fallito nella propria funzione di creare lo sviluppo e il rafforzamento di una cultura liberale, illuminata, raziocinante. Una società inopinabilmente perduta.

That's all, folks!

I ragazzini fumano ai bordi della gommalacca. Eppure sono ancora quanto di più vicino al 1984 possa esserci nel 2015. Ma c'è sempre stata come una perennità sinistra di quel tempo, non trovate? Un eterno faraglione piantato in mezzo a un campo di sassi. Gli anni ottanta. Proprio così. Si accesero i colori dai tubi catodici Philips e Telefunken, ci ordinarono di non posizionar gli apparecchi accanto agli impianti hi-fi per non doverci poi ritrovare con lo schermo verde, ci diedero bottoni, ci dissero: that's all, folks! Ed avevano maledettamente ragione. Razza di bastardi figli di puttana. Cazzo di giostra. Ci sono finiti dentro persino loro. Questi ragazzini che fumano in bilico sulla gommalacca. La stessa dei vinili che facevamo girare noi sul piatto. Biascicano le nostre frasi insensate, la nostra strafottenza cruda, lo stesso schifo di parole che abbiamo prodotto noi. Noi, cioè i figli di chi ebbe vent'anni nel 1968. Noi, cioè i loro padri e le loro madri, già molto pericolosamente al centro del piatto, esattamente lì dove la velocità raddoppia e ci spoglia di tutto.

Automi

Duro fatica a trovare uno slargo. Tutti a chiedersi cosa si fa. Dove. In che senso. Perché. Abbozzi in un italiano sgorbiato qualcosa che non dia fastidio e non sottragga minuti preziosi a chi ti siede di fronte. Esatto, metti insieme due parole due, ma si vede lontano un miglio che quegli occhi già mirano altrove. Disinteresse e vuoto. Imbarazzo nelle frasi accartocciate. Labbra serrate sui nostri orridi inferni domestici, mani strette su spiccioli di felicità minuta, un deodorante nuovo, la pasta che ti sei cucinato, le bollette pagate per tempo. Meschini. Anzi no, castrati. Paralizzati automi da strapazzo, tutti i meccanismi inceppati. Fili scoperti, caduta della tensione. Niente che faccia più contatto. Nessuno che sappia più come oliare questi pezzi di ferro rosi di ruggine.

Perché scrivo

A volte qualcuno mi chiede perché scrivo. Così sulle prime mi ritrovo a farfugliare, a incartarmi. Poi recupero il ritmo e allora lo spiego. Che a me scrivere serve come la fame e come la sete. È motore e tubo di scappamento. Aria e merda. Io devo fiutare il tanfo nauseante della vita e poi pestarlo sulla carta. Se non lo faccio non riesco a vedere nemmeno la bellezza dell'esserci. Devo scriverla l'esistenza. Se voglio farci pace. Quanti sbreghi nelle toppe. Quanta miseria. Una fretta rozza di cose, il trito dei discorsi smozzicati, gragnole di rosari nel chiuso delle tasche. Briciole che ci graffiano le dita. Una vecchiaia di odori, astanterie, cucine predate da una caligine di colpe. Presi a cucchiaiate. Ricuciti a mezz'aria. In bilico da piani ignobili. Pareti di alfabeti per miopi. Arrampicati come gatti sulle ringhiere. Ci guardiamo. Tutti. Lo stadio della pelle. I denti. Se dimagriamo. Se ingrassiamo. Se siamo vegani o crudisti. Passeri sotto una pioggia che massacra. Puniti. Spericolati. Vinti.

Es muss sein

I talent, i reality, i social. Una multiformità di incroci che nascono e muoiono nel giro di poco. Fatti apposta per non durare. In quanto il vero nemico dei nostri giorni è la durata. La durata di un prodotto non ne favorisce il ricambio e perciò nuoce al consumo. Se una cosa resiste all'usura il mondo si ferma. Da qui il senso della nostra epoca. Far sì che le cose (materiali e non) durino il minor tempo possibile. Fare in modo che si corrompano in fretta. Che tramontino, muoiano. Walter Benjamin pubblicò un saggio molto interessante, *L'opera d'arte nell'epoca della sua riproducibilità tecnica*. In esso sosteneva che la riproduzione perfetta di un'opera d'arte snatura il prodotto artistico, svuotandolo di autenticità, riducendolo a merce, rendendolo "kitsch". Quando fruizione si trasforma in consumo l'opera perde la sua caratteristica di evento irripetibile e si offre a noi come simulacro, come stendardo, come bandiera. I totalitarismi, diceva il critico tedesco, sfruttano la serialità dell'esperienza artistica come strumento di controllo delle masse. Anche Kundera sostiene più o meno lo stesso quando racconta la fine della Primavera di Praga e l'invasione dei sovietici. Quando confronta necessità con libertà, il "così deve essere" con la leggerezza, l'evanescenza del possibile. Benjamin pubblicò il suo scritto nel 1936. Se avesse potuto scriverlo oggi, avrebbe trattato dei talent, dei reality, dei social. Avrebbe trattato della grande decomposizione sociale. Della sua dissolvenza e dissoluzione. Di questa contemporaneità senza amore. Dove le persone – non solo gli oggetti – sono replicabili all'infinito. Invise alla durata. Degradabili. Per dirla ancora con Kundera, mai neppure esistite.

Il 45 giri

Il 45 giri ti obbligava all'ascolto ripetuto (spesso fino alla nausea) di un unico brano. Il lato a riportava la canzone principale, il lato b un brano di minor rilevanza, spesso contenuto assieme all'altro nel medesimo long-playing, di rado legato a epoche e dischi precedenti. Non sono mai stato un semplice nostalgico, bensì un semiologo, un ermeneuta. Uno che vigila sui nessi fra le cose e su come questi cambiano nel tempo. Cosa lega l'ascolto infinito di un pezzo stampato su un 7 pollici in gommalacca e la durata delle relazioni affettive per esempio? L'abilità a una gestualità e a una ripetitività e a una sedimentazione lenta e profonda? La pazienza della memorizzazione e dell'apprendimento sul lungo termine? L'oggettualità? Certo è che l'evoluzione tecnologica, specialmente nel campo della fruizione multimediale (musica e film in primis), ha prodotto tra le sue più immediate conseguenze la dispersione fisica di un rapporto fra le parti. L'arte si sfalda nei modi dell'invisibile e dell'impalpabile. Nell'era della musica in tasca, nell'era, dico, della compattezza e dell'iperconcentrazione, non sorprende perciò che anche i legami tra gli individui – secondo la macabra concomitanza che unisce psicologia e consumo – siano scaduti a puri e impalpabili aneliti. Occasioni. Senza volto. Senza corpo. O anima. O memoria.

Il 33 giri

Dodicimila lire. Vinte a sette e mezzo il pomeriggio di Santo Stefano. Il prezzo del primo album che comprai l'indomani, ossia la colonna sonora di *Staying Alive*. I Bee Gees, Frank Stallone, sapete. Undici anni, un soldo di cacio. Ma con quella sensazione di aver finalmente compiuto il passo decisivo verso l'età adulta: il fatidico rito di transizione dall'infanzia racchiusa nell'innocenza martellante del 45 giri alla maturità incarnata dal ben più impegnativo formato 12 pollici. Finì con la puntina sul primo solco di *The woman in you* in un freddo mattino d'inverno del 1983 l'egemonia materna a base di John Lennon e Bob Dylan e Kim Carnes e Lucio Dalla. E iniziò la mia: la spumeggiante epopea degli Anni Ottanta, cioè gli ultimi anni moderni della nostra storia. Gli anni in cui la musica pop era una faccenda seria. Gli anni in cui essere pop aveva uno specifico significato politico. Una connotazione eversiva. Gli anni in cui bisognava forgiare al di qua del Muro un linguaggio nuovo e indipendente. Un fare alternativo e spiazzante. Un credo che sfuggisse all'occhio-spia del Grande Fratello di *1984*. Il long-playing. Quella gigantesca custodia, i testi stampati sulla busta satinata, la carica elettrostatica del vinile una volta che mi decisi a sfilarlo da lì dentro e poi partì la musica. Senza ancora il pulviscolo. Il pulviscolo enorme che sarebbe venuto più tardi. Negli anni successivi alla caduta del Muro. Quando non volendolo eravamo diventati tutti come Winston e Julia.

A modo mio

Ogni tanto mi rendo conto di non saper usare i social nei modi più invalsi. Non scrivo mai di cronaca, che sia rosa o nera, o di politica. Non mi addentro mai nelle questioni del giorno, siano esse ricorrenze o argomenti in voga. Non adotto il linguaggio diffuso nei link e difficilmente mi pronuncio sulla religione o lo sport. Eppure so di dire la mia. Di dirla comunque. Anche se all'apparenza non sembro che il portavoce di me stesso. Credo dipenda dal punto di vista che alla fine uno ha. Io guardo la vita e il mondo. Ma non so raccontarli se non alla mia maniera. Cercando nel passato (a volte persino nel futuro) il buono e il cattivo di oggi.

Ragazzini

I ragazzini hanno il broncio dei bulli. Fumano insieme passandosi l'accendino come fosse un coltello. Il mento in avanti, la fronte bassa, parlano brevi fissando la strada. Aprono *Millenniun*, cioè il libro di storia che i genitori gli hanno dovuto comprare qualche mese fa. Siccome oggi hanno il compito in classe fotografano le pagine sulla Controriforma direttamente col cellulare. Dopo ingrandiranno gli scatti. Dopo copieranno. E andranno avanti. Scrollando le spalle. Attraverso gli anni. Fino a trovare uno straccio di lavoro e qualcuno disposto a ospitarli e con cui fare dei figli. Quei figli che dopo di loro scatteranno nuove foto a nuovi libri di storia, forse alle pagine sull'Isis. E poi copieranno, prenderanno la sufficienza e andranno avanti. Scrollando le spalle. Lasciandosi dietro uno sciame lungo di sconfitte o magari di eccellenti traguardi, ripensando ai giorni delle loro sigarette, ai giorni delle mie sigarette. Ai soli giorni ampi e onesti in cui tutti noi fumammo senza sensi di colpa.

L'ovvio

Bisognerebbe ragionare su ciò che è ovvio. Su ciò che è scontato ma forse prima non lo era. Su quegli infiniti modi di vedere una cosa, via via diventati un solo modo. Scoprire attraverso gli anni come siano cambiate le nostre impressioni generali in fatto di questo, in fatto di quello. E accorgersi che l'ovvio è un'enorme conquista e al tempo stesso la più estrema disfatta.

Di notte

Mi tortura il pensiero della morte. Morte mia, del sapere, dei mondi, della civiltà. Morte delle memorie, di tutto quel che è venuto prima. Mi ci sono svegliato di colpo stanotte. Quella strana sensazione di smisurato attorno. Mi ossessiona la morte. Come avessi troppi lacci spezzati, troppe interruzioni dietro di me. L'impressione della morte mi induce alla scrittura. E alla musica soverchiante che la scrittura deve fare. Io, no, davvero, io non so proprio come altro scongiurare la tomba.

Aurea solitudine

Ho realizzato una cosa. Più dico ai miei amici quello che veramente penso, più rimango solo. E non perché i miei amici (quantomeno alcuni di loro) mi odino per partito preso, ma perché non riescono a controbattermi, a convincermi con le loro argomentazioni. Come se io, pur non avendo verità in tasca, fossi perlomeno sicuro di una cosa: della mia morale e della mia etica. E perché ho scelto di non vittimizzarmi. Mai.

Il soldato

Compio sforzi sovrumani. E non perché me lo imponga qualcuno. È solo il soldato che vive dentro di me. Lui brama la felicità assoluta. Mi obbliga a lavorare sodo, guadagnare, scrivere. Mi costringe a costruire qualcosa. Qualcosa di grandioso. Altrimenti ho vissuto per niente. E siccome potrei morire anche domani, il soldato dentro di me mi prende a calci nel culo sbraitando che devo fare e fare in fretta.

Figlio di Schopenhauer

Parto da un semplice presupposto. L'uomo non è un cane. In questo senso mi considero figlio di Schopenhauer. Schopenhauer allibì davanti agli esperimenti sugli animali e davanti alla vivisezione e comprese così la smisurata crudeltà umana. Io parto dal medesimo presupposto che l'uomo è fondamentalmente un essere cattivo. Io anche sono un uomo. Sillogismo vuole che sia quindi io stesso cattivo. Appurare che l'umanità è cattiva e che siamo cattivi è il primo passo. Il primo passo verso la più difficile presa di coscienza. Il primo passo.

Primavera

Ho questa voglia di vento negli occhi. Una specie di primavera della mia esistenza tutta. In ogni cosa che dico o faccio. Come se stessi rinnovando totalmente le mie cellule, i miei pensieri, la mia emotività. Come se avessi una fame sovrumana d'amore. E non parlo nemmeno di amore per qualcuno. Parlo di tutto. Voglio giorni nuovi, ricominciare ogni cosa, l'immensità.

In una mano

In che modo sono cambiato io? Prima vivevo la mia vita dal di dentro, e mi sembrava una strada senza fine. Dopo dal di fuori, e ora ogni tanto la vedo per quel che veramente è. Parlo della sua misera piccolezza. Eccola, sta lì, tutta in una mano. Così minuta e circoscritta tra ciò che è stato prima e ciò che seguirà. E mi fa male. Scoprire non solo dell'immane spreco che spesso sono stato. Ma anche, ed è questa la parte più terribile, il risparmio di cui mi sono reso inutilmente capace.

Canzoni

Forse perché ho accumulato tanto che non ce la facevo più. Forse è la sera, la pioggia, le macchine. Forse sono certe canzoni. Certe maledette canzoni Quanto male fanno alcune canzoni. Questo mondo naufraga sotto canzoni che t'ammazzano. Forse è la strada. Forse è che sono a pezzi. Ma piango. Col naso e il moccio e tutto proprio. Sì, piango.

Un milione di film

Quando ripenso ai momenti in cui ho vissuto per davvero, nel solco della vita proprio, Luigi mi viene in mente come la prima cosa. Sempre. I miei tredici anni, la pioggia torrenziale, il buio del cinema. Poi ci sono io da ragazzino che nuoto a rana e guardo un altro ragazzino che nuota a farfalla e lì si capisce che futuro mi aspetta. Poi, subito dopo, vedo me e Claudio la prima sera che mi telefonò per dirmi: usciamo io e te. Vedo me e lui a Trastevere, fari nella vetrina del pub, qualcosa di insondabile. Poi ci sono io che mi sento morire. E poi un giorno, molti anni dopo, che sono in bici sulla ciclabile e prima di Ponte Milvio viene giù un temporale talmente violento che penso che per me è finita. E basta. Il resto è un milione di film in cui non recito io.

Il nodo

Fremo per quanto non si renda all'istante disponibile e facilmente consumabile. Fatto. Flirto con tutti e tutti sono merce usa-e-getta. Fatto. Ho amato una sola volta e avevo venticinque anni. Fatto. Oggi mi incapriccio perché devo averla vinta comunque. Ottenuto quel che mi preme mi disinteresso. Fatto. Vorrei poter capire se sono disposto a sacrificare il mio fortino invalicabile a favore di me più un altro essere umano. Farmi carico dei suoi bisogni, affanni, strazi. O crepare da solo nella mia roccaforte.

Solo così

Ho solo un modo per campare felice in quel che rimane della mia vita. Smetterla di analizzare i percorsi altrui e arrendermi all'evidenza della mia natura anarchica e selvaggia. Solo così sarò veramente felice e indistruttibile. Solo così.

Audrey, Grace, Gregory

Quello che è scomparso è il gusto, è lo stile, il sofisticato. Sono scomparse la classe, l'eleganza. Non c'è raffinatezza, non c'è diplomazia, non c'è il giusto aplomb, nessuna bellezza. Dove sono le Audrey Hepburn o le Grace Kelly? Dove sono i Gregory Peck? Solo gente cafona, villana, goffa, cialtrona, ignorante, che non sa vestirsi, parlare, ascoltare, leggere, scrivere, mangiare. Solo avida oscenità. Mi fa schifo questa volgarità, queste donne che ridono col cibo in bocca, questi uomini balbettanti e minidotati. Mi fa schifo quest'Italia. Mi fa schifo questo tempo. E i tatuaggi. E le frasi fatte. E la sporcizia. E il tanfo che sale.

Per innamorarsi

Per innamorarsi servono età ed epoche adatte. I quindici anni, i venti. Gli anni settanta e gli anni ottanta, ad e-sempio, furono epoche perfette per amarsi. Perfino gli anni novanta. Questi qui no. Questi sono gli anni del non amore. La grande, magnifica era del non amore.

Dove mi pare

Oggi ero a un bivio. Ci ho messo ventisei secondi a capire che sentiero dovevo imboccare. Ho seguito il mio istinto e ho scelto ancora una volta la libertà. E dopo… dopo è stato il paradiso in un metro quadro. Devo solo accettarlo. E ricordarmene. Che sono figlio di Diana. E sono felice solo quando posso andare dove mi pare. Nessuna situazione dubbia, nessun compromesso. Nessuna catena o corda. Mai. Ho quarantatre anni.

Farmi abitare

So di essere spigoloso e caustico. Spesso respingente e tranciante. Dunque mi sorprendo sempre quando dal nulla mi si avvicinano persone che per qualche misteriosa ragione sanno in che lingua parlare con me. Sono persone con le quali abbasso d'un tratto le difese. E con cui mi rilasso. Non devo sedurle, non devo abbatterle. Semplicemente non devo far niente. Se non lasciarle entrare. Farmi abitare.

Selfie

Il solo modo che abbiamo di guarire dall'infelicità consiste nel raccontarci a noi stessi. Senza scuse o aureole o piagnistei. Equi e morbidi nella pena, ma generosi se occorre. Rimetterci in prospettiva, e nudi, davanti alle nostre armi e a tutto quello che abbiamo ammazzato. O ha ammazzato noi.

Tornare

A quarantatre anni sono un uomo perfettamente (e tragicamente) diviso tra il pessimismo catastrofista indotto dalla crudeltà sorda del mondo in cui vivo e una più ottimistica, ingenua tensione verso il buono che posso generare con le mie sole mani. Così, sapete, spesso la sera rientro dal lavoro e immagino che non creperò di stenti o di una malattia devastante o accoltellato in un vicolo senza uscita. E in ogni caso mi ripeto che forse non ho fatto bene abbastanza, che ho disprezzato un sacco di gente, e ogni tanto mi compiaccio dei nemici che ho oggi, ché chi trova un amico trova un tesoro e chi un nemico, la misura di sé.

E allora, tra i fari rossi del traffico, nell'imbrunire che cresce, mi scuso per tutto e mi dico che sarebbe da ingrati non dichiararmi una persona compiuta. Uno insomma che ha capito che la vita è bella solamente se si può tornare. Sì, tornare.

Kunta Kinte

Mi sono innamorato parecchie volte nella mia vita. Ma se misuro questo innamorarmi sull'ordinata della tragedia ci trovo sempre e solo una persona. Con Claudio la sperimentazione del dolore raggiunse l'acme in quanto lo amavo bambinescamente. Fu un biennio decorticante. Senza scappatoie. Una tagliola. Ero condannato alla dialisi perenne. Trasfusioni di lui per poter sopravvivere. Lavaggi del sangue e poi di nuovo tutto da capo. Conobbi il tremore kierkegaardiano. Fui larvale e fui Kunta Kinte.

40

Quando avrai quarant'anni, ricorda che molte cose non saranno più come prima. Improvvisamente scoprirai di non avere tempo. Tempo per questo, tempo per quello. Gli amici, prima fitti e numerosi, si dilegueranno ciascuno nel proprio inferno domestico, cosicché avrai occasioni sempre più scarse e colme di oppresso rancore. A quarant'anni, se non avrai già una relazione stabile dimentica pure di allacciarne una nuova. E a meno che tu non sia una persona bellissima, difficilmente farai ancora sesso. Se non hai più una vita sociale dopo i quaranta, ma un lavoro, i tuoi colleghi e i tuoi superiori (che magari detesti) fatalmente diverranno la tua cerchia. Dopo i quaranta dovrai badare a persone che intanto sono invecchiate e, benché ti sentirai ancora un ventenne, non troverai corrispondenza nel mondo intorno a te. Insomma, arriva ai quaranta cercando di far tutto e di farlo prima. O sarà la Terra di Adelaide.

God bless youth

Sia benedetta la giovinezza, la prima soprattutto, e sia benedetta la selvatichezza dei modi ragazzeschi che ignorano le nostre forme raggelanti, il nostro necrotico rapportarci tra noi. Sia santificata la spavalderia sfrontata dell'adolescenza, l'identità in costruzione degli sbarbatelli mentre per un piccolissimo fenomenale istante passa dall'omologazione dei tagli sui jeans a quella ben più mostruosa del nostro terrore di gente adulta, vecchia, già morta.

Una storia

Quando qualcuno dice: mi piacerebbe tanto avere una storia, sta solo esprimendo, magari neppure troppo velatamente, un desiderio di appropriazione. In sostanza l'altro (l'oggetto della storia) dovrebbe stare ai patti e consegnarsi integralmente così da soddisfare il desiderio a monte. Se è vero che esistono forme di possessività nell'amicizia, esse sono rafforzate ulteriormente dalla volontà che l'amore borghese impone agli individui di essere esperito anzitutto come sentimento tra due soggetti: me-e-te. L'impossibilità di soddisfare appieno un desiderio conduce alla frustrazione, quindi a un perpetuarsi del desiderio medesimo. Un mio amico una volta ha detto: amo la mia compagna perché forse dentro di me so di non possederla mai completamente. L'amore è in altre parole la vertigine che proviamo affacciandoci sul dirupo. Fondamentalmente un vuoto.

Quindici anni

Spesso vorrei essere ancora un quindicenne che domattina deve andare a scuola, che ha chi si prende cura di lui, le cui uniche responsabilità sono i compiti a casa e i compiti in classe. Che ha persone giovani e forti e abili intorno, prospettive e punti di fuga molto distanti, che dorme fino a mezzogiorno e si prepara a occupare solo tutto l'enorme spazio che c'è.

Una nostalgia

Mi sono svegliato con una nostalgia. Sarà che ieri sera al cinema ho visto *Perfetti sconosciuti*. Durante la proiezione ho pensato per tutto il tempo ai miei amici storici, quelli che ho incrociato secoli fa, quelli che ho sentito come la casa. E mi sono detto che la vita, vuoi o non vuoi, tende a separarti proprio dalle persone centrali. Sarebbe facile se dessi la colpa alle loro relazioni stabili, se intravedessi nelle loro compagne tante Yoko Ono, se li ammonissi per i figli che hanno messo al mondo e stanno crescendo, se polemizzassi per il lavoro che risucchia sia loro che me, se demonizzassi tutte le inevitabili fughe che li hanno spinti, sempre un poco più in là, sempre leggermente più fuori dal raggio. Sarebbe facile snidare i capri espiatori. Loro farebbero altrettanto con me. Mi mortificherebbero: sarei l'egoista, il saccente, lo spocchioso, l'avido, l'opportunista. E dopo staremmo un sacco di tempo a rimbrottarci l'un l'altro; è già accaduto, accadrebbe di nuovo. E poi ho ripensato a quando avevamo trenta, trentacinque anni e... Non lo so, eravamo ancora così adolescenziali. Trentacinquenni adolescenti. Poi, dopo, sono scoppiate le tute. Ci siamo sganciati, siamo andati in orbita, loro da una parte, io dall'altra. Chi scrisse: l'amicizia non chiede che ci siano interessi in comune ma, per sopravvivere alle frustate della vita, solo buona volontà? E sapete, è vero. Se una cosa dura alla fine è perché lo abbiamo voluto. Contro tutto il resto: lo abbiamo veramente voluto.

Umanità

Certo, trovare qualcuno da amare e che sia anche disposto ad amarci è impresa titanica. Solo, credo che a nessuna persona dovrebbe mai mancare qualcuno da abbracciare, da baciare, con cui star sdraiati e nudi. Non serve essere innamorati. Serve umanità.

Ogni singola giornata

Per arrivare indenne in fondo alla giornata, ogni singola giornata, dico, devo assicurarmi almeno un momento in cui la mia vita, il mio personaggio, starebbero ottimamente in un film degli anni settanta, qualcosa come *Harold e Maude*, o *Zabriskie Point*, o *Easy rider*, o *The strawberry statement*. I film sulla contestazione sono quelli in cui meglio si inscrive il mio pensare attuale, il mio sentire, il mio rifiutare.

Gioventù decrepita

È sinistro come il mondo occidentale promuova il culto della giovinezza mentre la maggior parte di noi sta psicologicamente sfiorendo. I trent'anni. I trent'anni sono la parte in cui uno parla di più. La parte dove si devono sistemare le situazioni. Tutte le situazioni: il lavoro, la propria posizione nel mondo, il progetto di una casa, un figlio. La parte insomma dove si dovrebbero sputare i rospi, essendo di contro l'epoca successiva quella dove il rischio di rimanere senza parole è incontrovertibile. I quaranta-cinquantenni sono perfetti esteriormente. Sono giovani fuori. Ma non parlano. Non si parla. Questo mutismo diffuso è il segno inequivocabile della nostra grande, precoce decrepitezza.

Fallimenti

La mia lente non mi porta mai ad analizzare i fallimenti ideologici e sociali come un vuoto di coscienza, politica o teoretica che sia. Nel fallimento di un'opportunità si riflette ben più tristemente la grande depressione collettiva di cui parlo spesso. La passiva accettazione che il male abbia gettato radici nel giardino dietro casa nostra. Sartre sorriderebbe davanti a un tale scenario, un po' come si sorride quando un pronostico sciagurato trova riscontro. Un sorriso tanto amaro, certo, quanto ineludibile.

Poiché viviamo un'epoca di completa asfissia etica. Una mia collega positivista ha ricordato con orrore gli anni di piombo. Le ho risposto che almeno allora serpeggiava ferocia intellettuale, non l'abulia di oggi. Ma io voglio credere in un futuro migliore, ha detto lei, senz'altro pensando alla sua bambina. No, le ho risposto, il futuro è finito diversi anni fa, questo è il buio della civiltà e noi, meglio mettersi l'anima in pace, saremo costretti ad attraversarlo interamente, fino al giorno della nostra morte.

Quel che resta per sopravvivere

Ogni giorno, riaprendo gli occhi, facendo colazione, dando carezze al cane, lavandomi i denti, mi chiedo quanto ancora ne avrò. E se ho consumato troppa aria e me ne restasse perciò una dose irrisoria per il tempo avvenire. Quando cioè, nella seconda metà della mia esistenza, dico, dovrò sopportare la morte dei miei genitori, la ricerca di un nuovo posto in cui stare, l'assenza di qualcuno al mio fianco solo perché non voglio fare la fine di tanti miei amici. Io sono un uomo che insegue unicamente il benessere. Per me il benessere è lo scopo primo, la sola arma che dovremmo tutti possedere per contrastare l'assurdità del vivere. Non sono più quel che ero fino a qualche anno fa. E a volte soffro per non essere una persona abbastanza tranquilla. Ma è come se non fossi più idoneo all'analisi del contingente. Di ogni singola stupida, inutile cosa che accade a me, e a voi, scorgo lo smisurato abisso appena oltre. E penso: dovrà pur esserci un modo per cavalcarlo. Un modo. Per sopravvivere.

Funerale

Almeno una volta al giorno penso a quel che al mio funerale potrebbe dir di me la gente. Era un cinico, un egoista, se l'è cercata, troppo saputello e retorico, cioè mi dispiace ma non ci si poteva parlare, ma lo sai che non guardava in faccia nemmeno il nipote!? Poi era strano, ne aveva una per tutti, andava con chiunque e faceva a noi la morale. Troppo strafottente. Diceva tanto d'avercela con gli snob e poi il primo era lui. Certo, poveretto, ancora così giovane. Vabbe', ma non lascia mica nessuno. Però dispiace. Ma sì che dispiace. Tu ci vai alla sepoltura? Boh, no, non credo, tu? Boh.

Astolfo sulla luna

I motivi per cui non mi innamoro. Uhm. Be', perché innamorato lo sono stato. E lo sono stato in un modo così folle e sperticato che Werther e Ortis e tutta la combriccola dello Sturm und Drang messa insieme mi avrebbero fatto un baffo colossale. D'altronde avevo venticinque anni, diverse ferite sparse, nodi da districare, tensioni idealistiche ed edipiche che facevano subito hybris e tragedia sofoclea (ma pure Saffo sul ciglio della rupe, sapete, roba pesante, yawn). Fu come andare sulla Luna (qualcuno si ricorda ancora Astolfo?). E non tornare indietro. Oppure tornare. Ma cambiato. Tipo Depp in quella scemenza di *The astronaut's wife*. Niente di speciale. Solo la prosa di dopo. Ché un uomo quante volte può allunare nella vita, questa vita? Ditemelo voi che ancora ci credete. Ditemelo se vi regge.

Petit déjeuner avec Ferdinand

Uno dei miei problemi più grandi è che conosco pochissime persone che sappiano parlare. Parlare l'italiano? Non solo. Esporsi in modo chiaro, pulito. Ecco. Esprimere concetti non alterati dalle grossolanità del dialetto, dai vernacoli, dalle banalità reiterate dei social. Conosco un mucchio di persone che parlano male, che sono confusionarie, verbalmente maldestre, impantanate in gorghi da cui anche la talpa più rodata faticherebbe a uscire. Sprofondanti in sabbie mobili di senso. È come un sonno, un'abulia. L'inabilità alla comunicazione dialogica, al dire a voce, un pernicioso cicaleccio aziendalistico (ossia la più mostruosa e diabolica forma di asservimento linguistico alle logiche del mercato). Langue terribilmente la "langue" (De Saussure si starà rivoltando nella tomba), per non dire la "parole". È questa la verità. Uno dei miei massimi problemi è il vuoto lessicale della gente che incontro ogni giorno. Quell'orribile buco di foni. Quella straordinaria scarsità strutturale di inventiva nel raccontare/raccontarsi. Tanto che se chiedo a qualcuno di narrarmi una cosa, prima mi segno, dopo trattengo sbadigli. Finora ho conosciuto pochissime persone in grado di esprimersi magistralmente. E ogni volta mi sono tolto il cappello, ho aperto i canali uditivi e son stato zitto. Ecco qua. Ora molti di voi sapranno perché quando aprono bocca con me li scavalco e gli parlo sopra senza pietà.

Per sempre giovane

Tra pochi mesi compirò quarantaquattro anni. Tuttavia se guardo a come trascorro i miei fine settimana, per certi versi la mia vita assomiglia ancora a quella di un ventenne. Il sabato sera a ballare, la domenica fuori servizio, il mio romanzo come allora gli esami universitari. E poi i jeans rotti, la felpa, le Adidas. Musica tribale in cuffia a volume massimo. Estate che oggi incombe. Distruzione fisica per quanto ho scopato. Fame infernale. Come se malgrado questa scia di devastazione alle mie spalle (tutte le splendide cose perdute e la spaventosa consapevolezza che ne ho acquisito), io fossi rimasto beatamente, tragicamente, per sempre giovane.

Rarefazione affettiva

Nei periodi in cui sono più fragile non riesco a trattenere le cose che amo, prendo sentieri poco battuti, ho reazioni inusuali, diminuisce la mia proverbiale aggressività, sono più esposto. E vedo gli altri andarsene. Gradualmente. Come se sbiadissero, si smaterializzassero. Io la chiamo rarefazione affettiva circostante. E mi fa paura, sapete? Giacché mi fa capire una cosa. E cioè che non è affatto vero che le cose durano indipendentemente dalla nostra volontà. Duravano perché c'eravamo noi a soffiare sul fuoco, infatti quando abbiamo smesso si sono spente. Così accettare il disinteresse degli altri è devastante. Il fatto che non siamo indispensabili, o necessari, o utili. E conviverci, farsene una ragione.

Close-Open

Se c'è una cosa davvero difficile a questo mondo è sapere come stare vicini a qualcuno che soffre (qualcuno che soffre più di noi in quel momento, voglio dire). Quando io soffro molto, per esempio, spengo la luce. Significa che non riesco più a parlare, né ad ascoltare. Molto triste come cosa, specialmente per i miei amici del cuore, i quali a un tratto non sanno più come o dove trovarmi, e se mi trovano, leggono la scritta "chiuso". Stranamente però ci sono delle persone - non so bene come ci riescano -, le quali sanno fendere il buio. Non fanno domande, non danno consigli, non ricattano, né subiscono. Sanno solo come starmi intorno. Ripeto, non so bene come ci riescano. Loro non leggono la scritta "chiuso". Eppure me le ritrovo sempre al di qua del cartello. Sono dentro. Non so proprio come ci riescano.

People

Stanotte, mentre ballavo in mezzo a quell'orda di sel-
vaggi che ho sempre sentito come una seconda casa, di
colpo ho capito una cosa. Sono le persone che incontri,
che conosci. Tutto dipende da questo. Il modo in cui
cambierà o no la tua vita. Ed è altrettanto penoso quando comprendi che il più è fatto. Un po' come quando
entri in una libreria. Per quanti libri tu possa aver letto,
alla fine non saranno stati mai abbastanza.

Appendice

Sono immobilizzato nell'ingorgo, la pioggia si rovescia a soffocare una precoce spinta all'allegrezza. "Prima di partire per un lungo viaggio, porta con te la voglia di a-dattarti." Quando sono partito io, ho portato con me solo l'urgenza allarmata di un abbraccio. Ma ero uno smidollato e non sapevo che un abbraccio non vuole richieste, non vuole lacrime, non vuole sangue, non vuole ricatto, non vuole altro se non un abbraccio opposto e complementare. Come i biscotti del Mulino Bianco. Quelli che mi comprò Luigi quando eravamo ragazzini ed io ciondolavo disperato davanti alle mie scelte. "Prima di pretendere qualcosa." Ci sono mattine in cui esco di casa e mi chiedo se alla fine io non sia ancora laggiù. Impalato davanti alle mie scelte. Tentando goffo di imparare come si fa ad abbracciare qualcuno. Tentando un qualche possibile passo.

Quando ti dicono "questo non si fa", ebbene tu fallo. La disubbidienza, come diceva Oriana Fallaci, è una delle poche virtù per cui vale la pena di lottare.

C'è una depressione che precede il fare e una depressione che segue all'aver fatto. D'un tratto sento il bisogno di sostituire il mio forziere di certezze con un paiolo di dubbi e di forse. Sono nel fondo della cucina e rimesto. Però il 6 dicembre le dirò, dottoressa, che per quanto mi riguarda sono a posto così. Posso farcela, non mi serve altro. Ho l'equipaggiamento per proseguire con le mie gambe. E probabilmente è questo, solo questo credo. Una consapevolezza si fa spaventosa quando il sipario è calato e si resta da soli in camerino. A struccarsi. Ma è un brivido che ti ghiaccia solo per pochi minuti, la tua faccia in una pozzanghera dopo che hai inciampato sulle tue strenue tesi, una sciabolata al centro della schiena che in parte ti aspettavi. Non occorre il pronto soccorso, nessun kit di primo intervento, nessun'ambulanza da scapicollarsi a chiamare. Puoi solo aspettare. Che passi. E poi tornare. In scena.

Un gelido fuoco azzurreggia nel cielo di questo venerdì di tardo novembre, il conforto dei Who nelle mie amiche cuffie, io di nuovo in ginocchio al cospetto del ciclope che sovrasta ieratico il mondo dal centro del suo prato di oracoli. Le persone che hanno imparato a star da sole si uniscono ad altre persone, viceversa le persone che detestano star sole rimangono sole. I paradossi si induriscono in maniera direttamente proporzionale al consolidarsi della maturità. Di pari passo con la consapevolezza che l'acqua tende all'acqua, la terra alla terra, le risposte alle risposte. Occorrerebbe invertire certi processi e chissà che poi non sarebbe come stare al circo: individui temerari che infilano la testa nella bocca del leone e non per questo finiscono stritolati, coppie d'amanti che incedono cauti sulla fune, ma vanno di sotto perché a tenersi la mano stando sospesi su un filo si rischia grosso. E poi molti clown, tanti pagliacci e birilli e palline e nasi di gomma rossa e lacrime finte. E noccioline. Tantissime noccioline. Quell'odore di bruciaticcio che fanno le bucce delle arachidi sotto ai sedili delle gradinate.

Per Walter Benjamin fanciullo i giorni della febbre erano anche quelli di una fenomenale agnizione. In essi germogliava difatti non solo l'esperienza del suo futuro personale ma anche quella più ambiziosa e meno solipsistica dell'avvenire storico e collettivo della Germania e, se vogliamo, del mondo intero. Anni dopo si ricorderà proprio di quelle lenzuola e di quelle federe e di quelle informi e misteriose masse di calzini sepolte in fondo a cassetti favolosi. Della poesia stessa che vi si era intrisa, restando superficialmente invisibile ma non per questo meno viva. Ci ho frugato dentro pure io nei miei cassetti in questi giorni nei quali son rimasto a casa per via dell'influenza. E ne ho cavato fuori quello che potrei chiamare il silenzioso tumulto dell'oblio.

Sono cambiato. È la sola cosa che so. La sola cosa che riconosco bene. Che metto a fuoco. Come il velo artico che taglia queste mattine enfatiche e trasparenti, mi riscopro anch'io a lacerare a colpi di ferro (o penna) la maglia confortevole di ciò che fin qui sono stato. Per andare avanti, salire rampe più ripide, erte meno ospitali ma certamente più franche. Ci sono giorni in cui invidio i caratteri latenti. Essi sono tipici delle persone che san scrollarsi di dosso la responsabilità dei grandi mutamenti psicologici mantenendo una serafica calma in ogni circostanza mondana. Ci ho provato, dio mi è testimone, ma forse proprio non sono quel genere di persona. Col tempo ho imparato a costruire, è vero. E non smonto mai per primo la trincea che faticosamente ho tirato su. Ma i lavori di squadra ancora oggi mi catturano e terrorizzano a un tempo. A volte penso di aver trascorso metà della mia vita inseguendo un ideale di coesione sulla lunga durata. E mi dico che forse a questo punto passerò la prossima metà a tentare di comprendere la mia funzione nelle vite degli altri. Non più basandomi sui miei ingenui comizi. Ma sui loro buchi di linguaggio. Sui loro silenzi verso di me.

I miei rapporti con gli altri. Semplici, certo. Fino a quando non mi si domanda un parere, un'opinione. Sono diventato allergico alla lamentela fine a se stessa. Allo sfogo querulo che non si concede altro sbocco che la propria vana prosopopea. Reagisci, dico. Stai diventando come il peggiore tra i repubblicani, mi si risponde. Sarà. Eppure una cosa l'ho imparata. La metonimia è il gran male del secolo. Spostare il cursore dall'agente della propria insoddisfazione ai malcapitati catalizzatori esterni (di solito la famiglia, gli amici, i figli, il partner). Invece di assumerci ciascuno le nostre responsabilità preferiamo seguitare a puntare il dito contro la nostra immagine capovolta nel riflesso degli altri, spettatori casuali delle nostre tante frustrazioni. Quando impareremo a strappare il comodo panno opaco dell'indulgenza dal nostro cieco specchio privato? Quando, per la miseria, quando?

Ripercorro questo lungo anno a pochi passi dall'uscita. Adesso che sono scevro. Adesso che sono aperto e scapestrato e umido e sparecchiato. Adesso che sono alla pagina da voltare. Indugio e faccio orecchie agli angoli. Mi decido oppure no. Mi siedo e poi mi alzo. Parlo o taccio. Ora che si va infittendo della grana glaciale dei luoghi che ho battuto fin qui questo tratto sgombro di strada. Nell'ultimo sabato scapolo e svogliato. Prima delle cene svergognate. Prima dei pranzi da collasso. Sono qui. Fermo. Sì, mi fermo un attimo. Un attimo solo, dico. Sui sassi e sui solchi. A guardare per un'ultima volta la lena che mi lascio dietro, la grande ordinata spiaggia dei simboli alfabetici che sono la sola segnaletica che conosco. Il trionfo dei miei figli, venuti su come volevano loro: famelici, scalzi, sbarazzini, arruffati, impudenti, giusti, sbagliati. Andate. Sì, andate pure, adesso. Lasciatemi all'addiaccio e al futuro. A tutto quello che è andato spremuto fottuto. E a tutto quello che di nuovo e pulito probabilmente ancora verrà.

A volte sento questo bisogno insopprimibile. Bisogno di separarmi da tutto quello in cui fino a ieri ho creduto. È quanto di più interessante mi accade. Non è neppure cercato. I fenomeni interessanti nella vita delle persone secondo me sono quelli che capitano per caso, per i quali non ci sono moventi. Come l'amore. O certi omicidi. Ma è proprio questa irrazionalità senza nome a indurmi a un confronto con me stesso. Quando succede è giunto il momento di gettare nuove basi. Nuovi reticolati. Nuovi ponti.

La vigilia più bella? Quella del 1998. Avevo ventisei anni e cinque mesi. Verso le undici Claudio mi telefonò dicendomi che si era rotto di stare a casa: tutto quel cibo, quel gaudio insolente e nauseabondo. Aveva bisogno d'aria. Aria nera e fredda. Pulita. E silenzio. Silenzio nitido e smascherante. E malgrado avessimo un mucchio di problemi, scelse me. Così ci scambiamo quei pensieri, disse tra le altre cose. Scesi. Accesi la sigaretta infilandomi nella sua macchina già parcheggiata sotto casa. Restammo in silenzio per mezz'ora buona, l'uno accanto all'altro, arresi, qualcosa di morbido in sottofondo, i vetri leggermente appannati, sciami di piccole luci lontane, laggiù in fondo alla strada, e un impasto massoso di cedri del Libano tutt'attorno a formare la quinta più adatta al nostro film. Quello in cui non c'era più nulla da dire, quello dove avevamo solo bisogno di superare la mezzanotte insieme.

I rapporti umani si sviluppano fondamentalmente attraverso tre fasi. Fase ludico-esplorativa: variabile nella durata (in genere comunque breve), è in un certo senso la migliore, con i suoi meccanismi di scoperta reciproca, costruzione delle forme di complicità, eccitazione. Fase analitico-addomesticatrice: se il senso del legame ha attecchito nel profondo degli individui coinvolti, incomincia l'esperienza della frequentazione vera e propria e della quotidianità, ormai lontana dalle dinamiche puerili ma avvincenti della seduzione. Ci si analizza a vicenda, e si intravedono i limiti e le potenzialità del rapporto, le aree di coesione e quelle di distinzione. La terza e ultima fase è quella risolutivo-demolitrice: il rapporto gradualmente si va esaurendo nell'abitudine e nei reciproci margini di accertabilità o evasione. Si continua sugli stessi binari ma il legame a suo modo si è già dissolto e, nel migliore dei casi, è entrato in una zona che è, se così possiamo dire, ulteriore a se stessa, ovvero postuma.

Uno dei più grossi problemi dell'umanità risiede nella sua incapacità di attribuire il corretto nome alle cose, nella sua abitudine a sostituire di continuo parole con altre parole, fino a smarrire completamente il contatto con la realtà oggettiva. Questo oscuro disturbo cognitivo è, a mio avviso, l'origine di tutte le grandi depressioni.

I figli di genitori separati non avranno mai una vita simile a quella di chi ha genitori uniti. Inutile tentare di conciliare queste due realtà. Quando fin da piccolo cresci in una famiglia divisa senti (anche inconsciamente) che sei condannato alla precarietà. A quel senso di cedevole. A camminare su un filo sospeso sopra le pietre.

Il linguaggio è la sola arma che abbiamo. Dire. Esprimere. Comunicare. Fino al giorno in cui qualcosa si rompe e allora cerchi il silenzio. Anche il silenzio è un'arma. Solo che se non la adoperi bene ti puoi rovinare. Perché il silenzio è, sì, una distanza, un punto di fuga tra prospettive incerte, priorità da ristabilire. Ma è anche il muro di Pinky. Quando smetto di parlare è perché ho esaurito gli argomenti. È perché devo ricostruirmi, possibilmente cambiando pelle. Solo che non so mai quale sarà la prossima pelle che indosserò. Trovare altri suoni, immagini, odori, un altro tempo e un altro spazio. Così sono furibondo a volte e altre volte triste, e sono insofferente e spigoloso e intrappolato e umorale. E muto. E ho bisogno di scavarmi una tana E poi ricominciare. Da un altro lato della situazione. Una canzone che avevo sepolto, una via in cui non camminavo più, un poeta che ho smesso di leggere. E poi rinascere. E tornare a correre. Immense falcate. Se dio vuole.

Sento crescere sulla mia corteccia aspra un ramo d'amore. Non la solita speranza di fine domenica. Piuttosto le luci di questo tratto di strada verso casa. Che riprendono a brillare una ad una. E lasciano fiorire il futuro.

Quando penso alla mia vita mi rendo conto che, malgrado aumentino le conoscenze e le esperienze, a conti fatti le cose davvero importanti sono sempre le stesse. Poche e incrollabili. Quel certo piatto, quei tre o quattro film, quel pugno di canzoni, quel libro, quel bacio, quella persona, quel maglione, quei jeans. Passiamo un'intera vita a cercare qualcosa di meglio. Eppure, in un certo senso, il meglio per ciascuno di noi è arrivato da tempo. E dubito che alla fine potrà esserci di più.

Indice

Ringraziamenti

Avermi ospitato per più di un anno all'interno del tuo Blog, caro Riccardo, ci ha consentito di conoscerci meglio, soprattutto di mettere a confronto le nostre scritture, i nostri mondi narrativi e filosofici. Dalla rubrica che mi hai permesso di avere nel tuo spazio è nato questo volumetto che condensa i miei pensieri a dritto e a rovescio pubblicati quasi quotidianamente da te tra il 2015 e il 2016. Grazie infinite per l'opportunità che mi hai dato. Per avermi editato.